EXPOSITION INTERNATIONALE DE PARIS

COMMISSION GÉOGRAPHIQUE EXPLORATRICE

DE LA RÉPUBLIQUE MEXICAINE

CATALOGUE

Des objets composant le contingent de la Commission, précédé de quelques notes sur son organisation et ses travaux.

Par l'ingénieur directeur

AGUSTIN DIAZ

Colonel d'état-major spécial,
Ex-professeur au Collège militaire et à l'École spéciale d'ingénieurs.

EXPOSITION INTERNATIONALE DE PARIS

COMMISSION GÉOGRAPHIQUE EXPLORATRICE

DE LA RÉPUBLIQUE MEXICAINE

CATALOGUE

Des objets composant le contingent de la Commission, précédé de quelques notes sur son organisation et ses travaux.

Par l'ingénieur directeur

AGUSTIN DIAZ

Colonel d'état-major spécial,
Ex-professeur au Collège militaire et à l'École spéciale d'ingénieurs.

EXPOSITION INTERNATIONALE DE PARIS

COMMISSION GÉOGRAPHIQUE EXPLORATRICE

DE LA RÉPUBLIQUE MEXICAINE

La Commission Géographique Exploratrice, invitée à apporter son contingent pour la participation qu'a prise la République mexicaine dans l'Exposition Internationale de Paris, il semble naturel de l'accompagner d'une revue complémentaire, qui, en énumérant d'une manière complète les objets exhibés, donne une idée des motifs relatifs à leur présentation, soit par les caractères propres à leur nature, soit en vertu d'autres circonstances qui les rendent dignes de figurer dans l'Exposition.

Nous nous proposons cela dans le présent écrit, mais en le faisant, nous n'ignorons pas que, la République mexicaine occupant un rang de culture inférieur à la France et à d'autres nations qui prennent part à l'Exposition, et sont aussi plus avancées que le premier des pays mentionnés, celui-ci ne saurait entrer en concurrence, surtout, en traitant de sujets qui, comme ceux dont s'occupe ladite Commission, sont si étudiés en Europe, et qui étaient déjà bien cimentés à une époque antérieure à celle de l'existence politique du Mexique.

Entrer en réminiscences de faits historiques qui ont plus ou moins influé sur toutes les affaires de notre pays et discourir sur un examen comparatif, entre les éléments très nombreux dont ont pu disposer, pour le levé de leurs cartes géographiques et politiques, les nations du Vieux Continent, et ceux qu'est capable de fournir un pays jeune, et aniquilé comme le nôtre par les grands bouleversements qui forcément ont précédé la conquête de son autonomie et de ses lois fondamentales, quoique très favorable au Mexique, ce serait nous éloigner de notre but qui est de faire connaître ses progrès, seulement dans les parties dont nous sommes chargé, sans donner plus de renseignements que ceux indispensables aux visiteurs et surtout à ceux qui, ayant connu notre pays avant sa complète émancipation des influences extérieures, c'est-à-dire avant 1867, peuvent juger avec plus de compétence du groupe qui constitue le contingent de la Commission Géographique Exploratrice.

Les troubles de l'époque antérieure à la cimentation définitive de la réforme de nos institutions politiques, terminés, l'ère de progrès commença et se fit sentir d'une manière très notable après la consolidation de la paix en 1877. Il semble qu'alors les germes de toutes les améliorations se répandaient dans tout le Mexique, aussi bien celles du domaine matériel que celles de l'intellectuel.

On comprend qu'entre les premières, celle qui s'imposait le plus et devait occuper plus particulièrement l'attention du Gouvernement de la République, était la connaissance des ressources naturelles avec lesquelles on pouvait compter, et pour l'acquérir, la Commission fut instituée. Mais comme toute nouvelle idée, celle que nous traitons provoqua de grandes oppositions, particulièrement pour la question des crédits, soit à cause de la pénurie du Trésor public ou plutot parce que le pays n'était pas habitué à certaine classe de dépenses, dont la généralité ignore le bon emploi, et surtout s'agissant d'œuvres dont les résultats ne sont palpables qu'après quelques années.

Si nous avons vaincu toutes ces difficultés et affronté la situation, nous le devons uniquement à l'indomptable volonté du général Porfirio Diaz et à l'expérience qu'il avait acquise, dans ses campagnes, de l'urgente nécessité de tracer et de lever des cartes meilleures que celles composées jusqu'alors et presque toutes uniquement par ouï-dire. Nous avons obtenu ces résultats, sans bruit et avec tant de prudence, que l'établissement de la Commission se fit insensiblement, car peu à peu, se sont accrus ses éléments et aujourd'hui, sa stabilité est arrivée à être indispensable, d'abord pour servir d'École pratique pour toutes sortes de levés à l'officialité facultative. et aussi parce que la suppression de ladite Commission, dont les travaux sont si avancés, et même la négligence que l'on apporterait à les favoriser, discréditerait le Gouvernement. De cette façon, on s'explique comment la Commission composée à son origine de deux ingénieurs avec un seul aide, compte aujourd'hui un personnel qui, quoique peu nombreux pour l'étendue de ce vaste territoire, est suffisant pour produire chaque mois une feuille assez détaillée de sa carte géographique et en complet état de publication, comprenant une superficie de deux cent douze mille hectares; on obtient en outre de ses extensions partielles, la pleine connaissance des productions naturelles.

Il faut présumer que si les résultats de l'Exposition couronnent les efforts des personnes qui ont pris part dans le contingent cité, cela contribuera à finir de persuader le Gouvernement Mexicain des immenses bénéfices que doit lui procurer le proche et complet achèvement des travaux de la Commission, et ainsi, sans plus s'arrêter à aucune préoccupation, il se décidera à lui accorder toute la protection que l'époque réclame, ce qui incontestablement lui fournirait des ressources plus abondantes que celle qu'il tenterait de se procurer par d'autres moyens.

Le manque de personnel, qui s'opposait aussi auparavant, au développement sur une grande échelle des travaux de la Commission n'existe plus aujourd'hui, car le nombre des ingénieurs qui ont acquis dans son sein la pratique, est déjà assez nombreux pour diriger tous les élèves qui terminent leurs études au Collège militaire, soit qu'ils aient achevé leurs carrières facultatives, soit qu'ils possèdent seulement les connaissances topographiques exigées pour servir dans l'armée. Chaque année, 20 ou 25 officiers pourraient entrer dans la Commission et iraient se répandre dans les zones militaires afin que dans un court espace de temps, on puisse terminer le levé de toute la carte générale.

Quelque temps après, ces officiers disséminés dans tous les corps d'armée serviraient d'assesseurs à leurs chefs dans la partie stratégique de leurs opérations, selon le plan que nous avons proposé dans une autre occasion, lequel à notre point de vue, contribuerait beaucoup à améliorer la condition de ladite armée plus encore que n'importe quelle autre mesure.

Si la stratégie se basait auparavant dans le choix de points de concentration et dans la précision des mouvements, aujourd'hui que les voies ferrées concourent puissamment à établir ce choix et que les fils télégraphiques transmettent instantanément les nouvelles, la stratégie est basée sur l'unité d'action par le commandement concentré dans les corps facultatifs qui possèdent tous les détails, et dans l'initiative propre de chaque exécutant, laquelle s'acquiert seulement par l'instruction des officiers et surtout par la connaissance pratique des localités.

L'avancement des travaux de la Commission a donc été relatif aux éléments avec lesquels il a pu compter successivement, et s'il est peu important relativement à ce qui reste à faire, il paraît très notable si l'on envisage l'amplitude des zones explorées.

A tout cela, s'ajoute le grand avantage que le Gouvernement retire d'une corporation qui lui fournit des officiers ayant acquis la pratique de la spécialité, l'habitude du travail en campagne et par conséquent la facilité de changer de climat sans grave inconvénient; raisons pour lesquelles ses membres sont recherchés de préférence à d'autres ingénieurs.

A cette date se sont terminées les explorations et les levés correspondant aux cartes géographiques suivantes : Celles du District Fédéral et celles des États de Puebla et Tlaxcala. Celles des États de Hidalgo, Morelos, et Veracruz sont en grande partie achevées et seulement pour une fraction celles de Nuevo Leon, Tamaulipas, Mexico et Sonora ; la fraction relative au dernier de ces États, couvre une superficie équivalente au plus grand des États du centre; car Sonora est un des plus étendus. Ces plans levés et explorations embrassent en ares que nous pouvons en chiffres ronds classer ainsi : Tout à fait terminés, dix (10) millions d'hectares;

Non complétement terminés pour manque de quelques renseignements de détail : sept (7) millions.

Avec les renseignements recueillis treize feuilles sont déjà publiées, de la carte topographique des environs de Puebla à l'échelle de 1 : 20.000 ; une autre carte de la même zone à 1 : 50.000 est prête à être publiée, ainsi que (25) vingt-cinq feuilles de la carte géographique du pays à l'échelle de 1 : 100.000 et (26) vingt six plans particuliers de villes, dont seulement les plus importants seront publiés; on a commencé en outre cinquante (50) feuilles de la carte géographique à 1 : 100.000 et un plan topographique très détaillé des environs de Xalapa.

Les travaux graphiques souffrent de grands retards à cause du manque de dessinateurs spéciaux, car ceux sur lesquels nous pouvons compter sont peu nombreux et les autres qui pourraient nous aider dans cette branche devraient auparavant se perfectionner.

L'histoire abrégée de la Commission étant exposée, nous passons à l'organisation du personnel, des travaux et des bureaux et ateliers qu'elle a établis, en terminant par un résumé des objets envoyés à l'Exposition, sur lesquels on nous permettra de nous étendre quelque peu.

∴

Dans la partie facultative, la Commission est composée d'un groupe d'individus dépendant du Secrétariat des Travaux publics (Fomento) et d'un autre groupe dépendant de celui de la Guerre, composé en majeure partie d'officiers du corps spécial d'état-major et de quelques auxiliaires de l'armée.

Pour la garde des intérêts de la Commission et du service dans les opérations, elle dispose d'une escorte militaire et d'un petit nombre de personnes qui remplissent certaines fonctions. Ce mélange, ainsi que la nature des travaux, exigent une discipline rigoureuse qui peut seulement s'obtenir par l'organisation militaire ; par conséquent, sans arriver au rigorisme des ordonnances de l'armée, nous avons réglementé militairement toutes les fonctions, ce qui rend vraiment notable l'exactitude avec laquelle on remplit les travaux dans les diverses branches du travail.

L'escorte figure comme troupe de cavalerie, mais est composée de journaliers et d'ouvriers propres à aider dans toutes sortes d'opérations de campagne et d'ateliers établis dans la Commission ; la majeure partie de ces hommes sont des paysans, accoutumés aussi aux marches, parmi lesquels on choisit les plus capables pour être maréchaux, muletiers et charretiers, destinant les autres, selon leurs aptitudes, aux travaux de menuiserie, maçonnerie, bourrellerie, et des impressions dont on a besoin.

Durant la permanence dans les centres d'opérations, l'escorte fait son service de garnison, comme les soldats, sous la direction de ses officiers ; dans ces ateliers sont à la charge des ouvriers déjà nommés, sous la vigilance d'un majordome et d'un contre-maitre ; et dans les expéditions les soldats et les domestiques voyagent à pied généralement et restent absolument sous la dépendance des ingénieurs ou des officiers des sections, lesquels leur signalent les différentes tâches qu'ils doivent faire chaque jour. Dans l'instruction militaire que cette troupe reçoit, on l'exerce généralement au tir à la cible.

Pour conserver la moralité parmi la troupe et les domestiques, outre le certificat de bonne conduite exigé des individus à leur entrée dans la Commission, on les stimule aussi en accordant des gratifications sur leurs soldes fixes à ceux qui se distinguent par leur conduite hors ligne, et à tous il est retenu mensuellement une faible somme pour couvrir certaines dépenses extraordinaires de famille et leur former un fonds d'épargne qu'ils reçoivent à leur sortie du service.

Sous ce régime, nous avons obtenu, de ces gens, inquiets par nature, de basse éducation, une complète observation de leurs devoirs et c'est à peine si l'on note quelque légère infraction à la règle. Nous avons la satisfaction d'avoir aidé quelques-uns d'entre eux à se rendre propriétaires de petits lopins de terre et de compter quelques autres, comme actionnaires de la Banque établie à Xalapa sous la dénomination de Caisse d'Epargne, ce qui les convertit en vrais citoyens utiles.

Les travaux entrepris, consistent en général dans les levés de cartes et les explorations dans les trois règnes de la nature.

Les levés sont géographiques pour la carte générale du pays qui comprennent les topographiques nécessaires pour le détail général et ceux exclusivement topographiques de certaines zones ou lieux déterminés faits pour d'autres fins et qui, aussi s'ajoutent aux premiers quand le permet leur extension.

Dans les explorations nous ne nous sommes pas bornés seulement à collectionner des spécimens d'histoire naturelle mais aussi nous avons pratiqué une reconnaissance géologique des zones parcourues et on a recueilli des échantillons des minéraux en exploitation et des matériaux de construction employés dans les principaux centres de mouvement.

Dans les méthodes adoptées pour le levé de la carte géographique du pays il fallait tenir compte, non seulement de la grande extension du territoire et des éléments peu nombreux dont on pouvait disposer, tant en personnel qu'en ressources pécuniaires, mais aussi il a fallu considérer en premier terme la possibilité de continuer le travail sans interruption, même au milieu des oppositions que nous avons mentionnées, et la sécurité de pouvoir offrir des résultats dans un laps de temps relativement court sans toutefois grever d'une façon sensible le budget du Trésor public.

Les levés géodésiques en exigeant des conditions que dans l'état actuel du pays il est très difficile de satisfaire, si l'on ne se trouve .pas dans les environs des capitales, apportent avec eux les obstacles que produit le transport des appareils parmi les terrains accidentés de notre sol, quasi dépourvu de voies de communication, et compliquent par cela même les dépenses des opérations, qui, à la longue. deviennent onéreuses, attirent de constantes défiances et ennuis par leur durée et sont en dernier lieu presque rendues impossibles dans les immenses déserts, si fréquents au Mexique, essentiellement par les obstacles de toutes sortes qu'oppose sans cesse la race indigène qui les habite et qui dans son ignorance juge toujours les travaux de mesure comme les précurseurs de dépouillements ou d'imposition de nouvelles contributions.

En conséquence, il fallut recourir à des procédés stables, appropriés aux exigences capitales et qui servissent à la fois de préparation aux opérations du premier cadastre territorial qui s'établirait.

Ainsi pour cette carte générale, nous avons procédé par le levé topographique des lignes qui, formant de grands polygones appuyés sur des points dont la situation astronomique a été bien déterminée, peuvent se vérifier et se corriger les uns par les autres; de la même manière on a couvert l'intérieur de ces polygones, en suivant des diagonales dans toutes les directions, ce qui produit une carte générale si minutieuse que pour les échelles géographiques des cartes manuelles il a fallu supprimer une multitude de détails qui entrent dans la carte générale dont nous parlons et qui est destinée particulièrement au service du Ministère de la Guerre.

Pour donner de la pratique aux officiers, qui périodiquement entrent dans la Commission, on a exécuté des triangulations dans la vallée de Puebla, aux environs de Xalapa et de Veracruz, lesquelles eu égard à la précision avec laquelle ont été pris leurs renseignements, sont considérées comme géodésiques pour le calcul des coordonnées géographiques de leurs sommets, qui se fixèrent tous trigonométriquement, rapportant après leurs hauteurs au niveau moyen de la mer à Veracruz.

Dans ce même but on a fait d'autres travaux de tracé topographique de villes, et à ces plans sont ajoutés les cadastres de deux cités exécutés avec toute la perfection que requiert cette sorte de données, comprenant dans celles-ci, les cotes nécessaires aux études des améliorations de leurs conditions; et dans ces opérations de pratique on a employé une grande variété de méthodes dans l'acquisition des détails, comme affaire spéciale d'enseignement.

Les situations géographiques sur lesquelles on a basé les lignes principales des polygones cités et des triangulations exprimées sont obtenues : en longitude, la majeure partie par signes télégraphiques échangés durant plusieurs jours avec les observatoires astronomiques nationaux de la Capitale de la République, d'autres par les mêmes signes échangés avec les observatoires des centres d'opération, et le reste, en petit nombre, par la marche relative de plusieurs chronomètres expéditionnaires, en voyages circulaires d'aller et retour entre les lieux établis par le premier procédé; en latitude, par des méthodes astronomiques distinctes, préférant celui des étoiles circumméridiennes choisies par paires de culmination à peu près équizénitale; et en altitude, par un nombre compétent (20 en terme moyen) d'observations hipsométriques simultanées aux barométriques des observatoires nationaux météorologiques de Mexico ou à ceux établis temporairement par la Commission dans ses centres de Puebla et de Xalapa, selon la similitude de conditions et la proximité des lieux dont il s'agissait; étant déterminée l'altitude de celui de Mexico par plusieurs années d'observations horaires de pression et de température, et ceux de Puebla et de Xalapa, par les mêmes observations pendant un an et demi.

Les résultats de ces déterminations géographiques ont été assez satisfaisants comme le démontrent les erreurs probables trouvées, qui n'excèdent pas, en longitude, un dixième de seconde de temps pour ceux des signes télégraphiques et une seconde pour les chronométriques; en latitude, une demi seconde d'arc, et en altitude de dix à quinze mètres. La combinaison des lignes polygonales qui unissent entre eux les points cités et ceux de traverse qui sont levés par itinéraires topographiques, les uns à la stadia et à la boussole de pied et la majeure partie au pérambulateur et à la boussole de main, a aussi démontré l'excellence de la méthode, car les différences trouvées en les projetant, sont assez réduites pour la plus grande échelle géographique, et graphiquement nulles pour les petites. Autant pour la rapidité que pour la précision relative que nous avons rencontrée expérimentalement, nous devons recommander cette manière de procéder pour les pays Sud-Américains, qui comme le nôtre sont peu peuplés et dans lesquels, par conséquent, la valeur des terres est si insignifiante qu'elle ne compenserait pas les dépenses que demanderaient de plus longues opérations. Outre les coordonnées qui sont toujours dirigées vers les tours des principales églises des villes ou vers d'autres objets visibles et dominants en d'autres lieux, dans le but de pouvoir les utiliser quelquefois comme points de repère, on a déterminé la déclinaison de l'aiguille magnétique dans beaucoup d'entre eux pour aider à la connexion de nos levés topographiques et à l'intercalation d'autres détails particuliers que nous signalerons bientôt. Avant de terminer ce qui a trait aux levés nous devons faire mention de l'emploi d'un *papier pour esquisses topographiques*, comme nous l'avons appelé, et dont nous avons acquis la propriété quelques années avant de commencer les travaux de la Commission et avec lequel on rend plus facile la représentation, et on économise extraordinairement le temps que l'on emploierait aux travaux de campagne.

Au premier coup d'œil on comprend, par l'exemplaire qui figure au catalogue sous le n° 37, que la rayure de ce papier se réduit à celle d'un rapporteur circulaire subdivisé de degré en degré sur la circonférence et dans lequel sont signalés dans toute leur extension, les rayons correspondant de 5 en 5 degrés; outre la circonférence externe de la graduation, sont marquées dans l'intérieur d'autres concentriques décrites avec des rayons qui diffèrent d'un centimètre à l'autre.

Ces feuilles se collent sur un carton en livres exfoliatifs pour que, en dessinant sur elles, elles opposent la résistance d'une tablette et se placent de manière que tous les centres se correspondent, avec l'objet de pouvoir fixer en eux une petite aiguille, qui, quand il est nécessaire, puisse servir d'extrême d'alidade, laquelle se complète avec la pointe du crayon dont on fait usage. Deux des diamètres tracés étant parallèles aux bords respectifs du rectangle du carton, un de ceux-ci peut s'établir dans la direction de la méridienne magnétique ou dans celle de n'importe quelle ligne de départ, et par rapport à ce côté, c'est ainsi que s'inscrit la graduation du rapporteur par quadrants, demi-circonférences ou continué dans le sens qui convient au cas ou aux goniomètres qui s'emploient, car, dans ce but, on a laissé en blanc cette graduation. Le papier ainsi arrangé, on trace à la main les lignes du canevas, par parallèles à la direction convenable et dans leurs dimensions relatives qui s'apprécient facilement dans la séparation des circonférences.

Cette simple description démontre que, en campagne, le papier remplace la planchette d'alidade pour la planométrie et pour le nivelage à l'éclimètre de perpendicule, en s'aidant d'un petit fil à plomb qui se tient à la main sur un des bords du livre. Dans les constructions graphiques, le papier peut servir de rapporteur tel qu'il est, et d'échelle de pendante par la simple addition d'un système (pauta) de lignes équidistantes et parallèles à un des diamètres principaux. Mais en ce que ce papier n'a pas de rival et pour la configuration des accidents et des mouvements du terrain, surtout lorsque les esquisses formées sur diverses feuilles se combinent, en suivant les divers chemins qui les contournent ou les traversent. Ainsi nous avons levé tous les chemins et toutes les lignes de traverse de nos feuilles pour leur détail, et jusqu'aujourd'hui on a parcouru 55 mille kilomètres par la méthode des itinéraires topographiques.

Pour que l'on juge de la précision avec laquelle s'obtiennent les résultats avec le papier d'esquisses, nous donnons un exemple dans le cadre n° 27 de notre collection.

On comprendra par lui, la notable ressemblance qui existe entre les résultats directs des itinéraires formés dans la campagne et dessinés à la main sur le pommeau de la selle, à cheval, et ceux construits dans un cabinet avec les données numériques et en employant les instruments propres ; à tel degré, que comme on peut s'en rendre compte, après quelque pratique de l'usage de ce papier, on peut économiser la construction au net des itinéraires et employer directement ceux de campagne pour la formation d'une carte géographique. L'exemple cité est pris au hasard dans les collections et il est facile de le vérifier par les livres-minutes de campagne et ceux d'itinéraires au net, que nous faisons suivre sous les numéros 62 et 63.

∴

La partie graphique des tracés contient : le fractionnement des cartes, la projection géographique et le méridien principal, échelles et signes adoptés ; la construction des feuilles, leur réunion et les données qui les accompagnent, les travaux annexes et la distribution des résultats entre les deux ministères contribuants.

En général, le dessin des grandes cartes est très pénible et quasi impossible sa publication s'il n'est pas fait en fractions de grandeur régulière. Ce fractionnement vainct ces deux difficultés et offre l'avantage de pouvoir intercaler dans les atlas toutes les nouvelles données qui s'acquièrent peu à peu et de pouvoir mettre en circulation immédiate ces innovations à prix réduits.

Nous rapportant à toutes ces convenances, nous avons imaginé de subdiviser les cartes générales de la République, celles des États, et les divers travaux graphiques de grandes dimensions, en feuilles de grandeur régulière pour les collectionner dans des atlas semblables qui facilitent leur distribution dans les bibliothèques, de même nous avons adopté un ordre de nomenclatures relationnées entre elles de telle manière que, la clef du système comprise, on arrive avec facilité à savoir l'extension relative que chaque travail occupe sur la carte générale du pays, sa situation et le lieu qui lui correspond, et où on doit le chercher dans les archives.

Les dimensions des feuilles se fixèrent de telle sorte que, en prenant pour point de départ le siège du Gouvernement fédéral (capitale de Mexico) celui-ci se trouvât situé au centre des feuilles correspondantes aux fractionnements du détail général le plus grand, autant les topographiques à 1 : 20.000 que les géographiques à 1 : 100.000 et la même chose pour les feuilles administratives à 1 : 500.000 qui sont les échelles les plus propres à leurs différentes destinations, outre que, subordonnant le nombre des feuilles aux sous-multiples réguliers des mêmes échelles, même des plus petites, tout le territoire du pays et les parties adjacentes se trouvent comprises dans la carte complète et dont la connaissance est la plus nécessaire à notre administration ; et enfin, qu'en accommodant les désignations, les lettres initiales de Mexico (m, M) correspondent également aux feuilles centrales, dans leurs échelles respectives.

Les dimensions résultantes pour les feuilles de fractionnements furent de 0m40 de hauteur par 0m53 de largeur entre marges, dont la grandeur s'étendit aux autres usages.

La manière de distribuer les feuilles pour les échelles de fractionnement régulier se comprend aussitôt par l'inspection du diagramme placé au cadre nº 1 de la collection et représenté en couleurs pour qu'il soit rendu plus clair. Les géographiques sont de 1 : 2.000.000 pour contenir toute la carte du pays et une certaine portion des frontières voisines, en neuf feuilles numérotées en chiffres arabes de 1 au 9 de type monumental; 1 : 1.000.000 qui reproduit la même carte du pays, limitant les pays circonvoisins au plus près possible des limites du pays et qui se distinguent par les numéros arabes du type majuscule romain droit de 1 au 24; 1 : 500.000 qui remplit les mêmes portions de la precédente et sont marquées en numéros romains de I au IV; 1 : 250.000 pour la subdivision voisine, indiquée par les lettres monumentales A, B, C, D; et 1 : 100.000 pour le dernier fractionnement géographique, dans lequel on projetera les feuilles strictement nécessaires à l'extension du pays, qui se distinguent par la place ordonnée des lettres de l'alphabet (exceptant les *ll* et *ñ*) inscrites avec type majuscule romain droit. La subdivision de ces dernières, pour ledit fractionnement régulier en échelle topographique est exprimée par la même série de lettres en caractères minuscules. Ainsi, après les feuilles de 1 : 2.000.000 qui se peuvent fixer dans une carte murale et qui contiennent chacune quatre de 1 : 1.000.000, ces feuilles et les suivantes servent pour se collectionner en atlas dans l'ordre établi et ont une capacité relative : celles de 1 : 1.000.000, quatre de 1 : 500.000, seize de 1 : 250.000, ou aussi cent de 1 : 100.000 et dans chacune de ces dernières, vingt-cinq de 1 : 20.000.

Naturellement toutes ces relations ont différents usages et celles de grandes échelles sont plus détaillées; mais pour l'objet qui nous occupe, il convient d'avertir que les feuilles de 1 : 100.000 dont la publication est commencée, appartiennent à la carte géographique de détail général, destinée essentiellement au Ministère de la Guerre, que ces mêmes feuilles seront celles qui serviront pour former celles d'autres usages dans l'administration générale du pays ou dans les cartes particulières des États, et que ces mêmes feuilles se renouvelleront au fur et à mesure des besoins, quand même le levé de la carte complète ne serait pas encore terminé. Les feuilles de l'échelle à 1 : 100.000 qui comprennent exactement toute l'extension de la République sont en nombre approximatif de six cents.

Pour peu que l'on médite ce système de fractionnement, on comprendra qu'avec la mémoire on puisse reconnaître la vraie situation de chaque feuille ou de n'importe laquelle de ses parties sur la carte générale et juger de leurs extensions relatives selon ce que nous disions auparavant.

Pour distinguer les feuilles entre elles, chacune porte le numéro et les lettres qui lui correspondent et l'espèce à laquelle elle appartient, selon le programme des publications géographiques, qui, en 1877, circula au Ministère des Travaux Publics lors de la formation de la Commission Géographique Exploratrice.

Des feuilles de tracé topographique, ou soit celles de détail le plus minutieux, qui aient une application spéciale, l'on publiera seulement celles d'intérêt général, car leur but principal est d'aider, dans l'avenir, au service militaire du pays, mais quelle que soit leur destination, elles porteront aussi les distinctions correspondantes au système de fractionnement ou l'indication des feuilles de celui dans l'extension duquel il se trouvera quand elles seront dessinées dans quelque échelle de celles non mentionnées.

La Commission ne profite pas seulement de ces renseignements particuliers mais encore fait usage des travaux d'autres commissions officielles et même de ceux faits par des simples particuliers, toutes les fois que ceux-ci méritent d'être acceptés et proportionnent un plus grand nombre de détails que ceux que nous obtenons dans nos levés généraux, mais en faisant connaitre dans tous les cas, leur origine comme on peut le voir dans les explications des données qui servirent pour la construction des feuilles au 1 : 100.000 qui se présentent dans les tableaux du 2 au 18 et quelques autres numéros de notre collection.

Pour la construction de toute sorte de cartes géographiques, nous avons adopté la projection polyconique avec le rayon moyen correspondant à la latitude centrale de la République, cette projection altérant le moins les formes et les relations d'extension, tout en conservant mieux la perpendicularité des méridiens et parallèles jusqu'aux feuilles les plus éloignées du centre de la carte; dans les tracés (*esqueletos*) qui constituent ces lignes et celles des marges d'union, nous faisons usage de tables que nous publierons prochainement et que nous avons calculées pour les échelles citées de fractionnements et pour d'autres plus petites de cartes réduites. *Le méridien principal* de la projection passe par la *Tour Est de la cathédrale de Mexico*, comme point que nous considérons le plus stable dans la Capitale et qui, avec le temps, servira de point de départ dans les projets de subdivision cadastrale du territoire de la République.

La publication de toute espèce de cartes correspond directement à la section de cartographie du Ministère des Travaux Publics (Fomento) mais pour les inconvénients qui résultent de faire cette publication hors du sein de la Commission Géographique Exploratrice, cette Commission se chargera dorénavant de l'impression de toutes ses cartes ainsi que des illustrations qui accompagneront son compte rendu général, dans lequel on fera entrer aussi la réglementation de tous les éléments qui entrent dans la construction et dessins des cartes, chose qu'il serait ici trop long d'expliquer. Nous avertirons seulement, que nous séparant de la routine imitative, nous avons établi, d'une manière analogue à l'ordre expliqué dans l'adoption des échelles de fractionnement, des clefs qui gardant une certaine analogie dans le système de transformations, et mises en relation les unes avec les autres, aident l'intelligence beaucoup mieux que celles adoptées dans d'autres pays pour distinguer au premier coup d'œil l'importance relative de chaque partie et, sans détriment de feuilles dessinées, pouvoir changer les signes selon la variation de cette importance en des temps futurs.

Nous présentons un exemple des clefs citées, dans le tableau n° 35 qui est une reproduction de la première feuille de la série correspondante aux signes et caractères d'écriture, adoptés pour les villes dans les cartes dessinées aux échelles de 1 : 10.000 ; 1 : 20.000 ; 1 : 50.000 et 1 : 100.000.

∴

Dans tous les levés étrangers à la Commission, pour lesquels celle-ci a fourni du personnel ou est intervenue d'une manière ou d'une autre, nous avons essayé d'introduire les méthodes exposées à l'effet de disposer de ces renseignements, avec confiance au bénéfice de la carte générale. Le plus étendu de ces travaux est celui de l'établissement de colonies civiles dans l'État de Sonora, qui fut commandé à une Commission scientifique que nous dirigeâmes dans ses premières opérations et cette opportunité nous donna l'occasion de mettre en pratique nos idées cadastrales, sur la répartition de terrains, les tracés et les nomenclatures des nouvelles villes.

Les tableaux 28 et 29 présentent des exemples de ces idées, nous donnerons sur elles quelques explications, quoique très légèrement, l'extension de cet écrit ne nous permettant pas de nous étendre longuement sur ce sujet.

Le premier est le *Registre de la distribution des emplacements pour habitations* (*solares*), dans la colonie de Torim et le second le *Registre de la distribution des lots de semailles* dans la même colonie. Ces tracés sont identiques dans toutes les colonies établies ; pour chacune d'elles le *ejido* ou l'extension de terrain concédé est le correspondant au quadrilatère géographique de cinq minutes, dans la superficie duquel est prise la portion destinée *al fundo* qui est celle qui sert expressément pour la construction de maisons dans chaque ville naissante. Les terrains fractionnés se rencontrent sur les bords des rivières Yaqui et Mayo et dans chacune de celles-ci, l'extension de terrain de leurs colonies est bornée l'une avec l'autre, mais la situation relative des *fundos* n'occupe pas précisément celle indiquée pour Torim, malgré que dans chacune des colonies on ait choisi l'emplacement le plus convenable aux conditions du terrain.

Le signalement des extensions de terrains concédés par quadrilatères géographiques selon le système centésimal se prête mieux et aurait été adopté pour régulariser aussitôt l'établissement du cadastre territorial, mais ayant à respecter certaines coutumes, on ne crut pas convenable d'altérer d'une manière notable les dimensions que signalent les lois de la matière ; pour cette raison le Gouvernement suprême préféra laisser à ces extensions, celle du quadrilatère de 5 minutes, se conformant présentement avec l'introduction du système sans appeler l'attention du pays sur lui. Quant aux dernières subdivisions des extensions de terrain concédé pour la répartition des lots de semailles, chacune à la centième partie du quadrilatère cité, équivalant à celui de 6 secondes pour chaque lot, ce qui établit leur égalité en superficie jusqu'aux centièmes d'hectare, pour toute l'extension de la zone colonisée. Si on avait adopté complétement notre système, sans considération aux lois antérieures, ou si celles-ci s'étaient modifiées dans le sens convenable, la superficie de la dernière subdivision agraire aurait été le quadrilatère géographique d'une seconde de la division centésimale, qui différerait tout au plus d'un millième d'hectare d'une à l'autre pour les latitudes extrêmes de la République, quantité entièrement négligeable, se traitant de la matérialité de mesures superficielles d'un cadastre agricole. On comprendra très bien, que la division centésimale correspondrait aussi à la projection géographique des cartes, selon l'offre du Gouvernement suprême dans le programme de publications de 1877, pour les éditions postérieures de la carte générale de la République qui se commençait alors à publier.

Dans la feuille de distribution des *Solares* (nº 28) on voit le tracé des villes et la distribution de leurs *fundos* avec les nomenclatures que nous proposâmes il y a quelques années, et que l'on a adoptées dans quelques villes de la République, quoique avec des modifications, qui à notre point de vue rabaissent son mérite, parce que l'on n'a pas tenu compte de la relation que cette partie a forcément avec les autres du système.

L'inclinaison des rues par rapport à la méridienne est choisie de manière que les quatre côtés des *manzanas* ou, si l'on veut, les maisons reçoivent les rayons solaires durant toutes les époques de l'année, le nombre d'heures le plus convenable à chaque saison, selon la latitude du lieu et les principales conditions climatologiques, avec le but d'unifier le plus possible la température dans les saisons extrêmes et empêcher les courants directs des vents les plus désagréables.

Dans un des rapports présentés au Gouvernement suprême sur les travaux de la Commission scientifique de Sonora, nous avons exposé les études faites pour déterminer cette inclinaison et pour adapter notre projet de tracés et nomenclatures aux colonies des rivières Yaqui et Mayo, mais ici, il nous paraît plus utile de donner une idée du projet général, pour les applications que l'on pourrait en faire plutôt que de nous étendre sur cette adaptation.

*
* *

L'origine de tout le *système de division et de nomenclature urbaines*, est dans le centre de la place principale de la ville à laquelle il s'applique, ou dans l'intersection des axes des rues les plus voisines des directions de la méridienne et de sa perpendiculaire et qui passent en rasant le palais du Gouvernement qui peut être considéré comme centre de toutes les affaires.

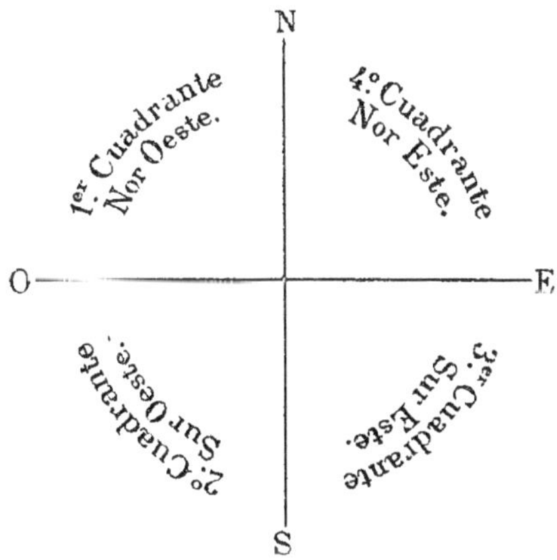

Fig. 1.

Les quatre *quadrants* qui divisent la ville prennent le nom du rumb auquel chacun appartient, selon l'inclinaison des axes, ou la dénomination ordinale qui correspond du 1er au 4e quadrant, à partir du *Nord* et suivant par l'*Ouest* jusqu'à la fin de la circonférence (figure 1). Chacun de ces quadrants se divise par groupes de pâté de maisons (*manzanas*) qui comprennent toutes celles contenues entre les dix rues suivantes aux principales, de sorte que, en supposant une ville de tracé régulier, chaque groupe que nous appellerions *quartier* comprendrait 100 *manzanas* que nous désignerions par l'ordre naturel des numéros à partir de l'origine, allant par rangées de dizaine en dizaine vers les principaux points cardinaux Nord et Sud, jusqu'à compléter les dernières dizaines qui sont les plus éloignées de l'axe Nord-Sud (figure 2). Nous pourrions aussi former de plus petits groupes ou (*cuarteles*) quartiers de vingt-cinq *manzanas* et alors ledit *cuartel* serait plus grand, contenant quatre petits comme nous le fîmes dans les colonies de Sonora. Dans le cas où la ville s'étendrait au delà de dix rangées de *manzanas* dans quelque quadrant, on formerait de nouveaux *cuarteles* qui se nommeraient aussi par leur numéro ordinal, en suivant le même système que les *manzanas*, mais comme généralement, au delà des dix

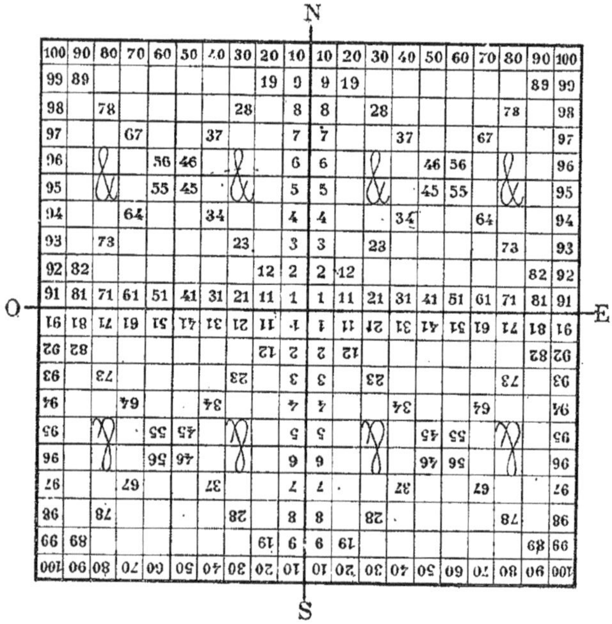

Fig. 2.

rangées de *manzanas* les villes s'étendent avec beaucoup d'irrégularité il vaut mieux continuer la dénomination dans chaque cas, selon les usages ou ce qui semblera plus convenable à l'administration locale, en ce qui se rapporte à la dénomination de *cuarteles*.

La régularité avec laquelle croissent les numéros des *manzanas* en suivant les vents cardinaux, ou bien les diagonales, à partir de l'origine; la même régularité qu'on observe vers les mêmes vents commençant depuis les rues centrales et la manière par laquelle augmentent ou diminuent les chiffres qui représentent les unités ou les dizaines des numéros, en suivant les parallèles aux dites diagonales ou traverses, prouve la facilité de retenir dans la mémoire la disposition des numéros, leur place, et les distances absolues d'origine ou relatives entre elles pour n'importe quelle partie de la ville, choses excessivement importantes dans les diverses branches de l'administration.

Nous appliquerions ce même système au premier ou grand fractionnement du cadastre agricole, par quadrilatères géographiques des degrés centésimaux, dans lequel nous prendrions pour axes l'équateur terrestre et le méridien de notre Capitale comme principal de départ vers l'Ouest et l'Est, pour que, à la simple énonciation des numéros des quadrilatères s'adjoignent les latitudes et longitudes des côtés extrêmes, ou soit les parallèles ou méridiens dans lesquels ils se terminent. Quoique nous pourrions établir d'autres axes de départ, il est probable qu'à la longue, tous les pays arriveront à adopter ce système ou quelqu'autre semblable, l'équateur étant toujours le parallèle de départ, tandis que l'on adopterait un méridien unique pour toutes les nations.

Pour l'adjudication des *solares* dans les villes naissantes, nous divisons chaque *manzana* en dix fractions égales (mille dans chaque quartier) de forme rectangulaire dont les plus grands côtés ont la direction de l'axe le plus proche à celle de Nord Sud, avec le but de disposer à l'Orient et au Couchant ces mêmes fronts, qui à l'avenir doivent contenir un plus grand nombres de maisons que les autres, de manière à les rendre plus hygiéniques.

La numération de ces *solares* ou lots primitifs est disposée de façon que la *première centaine* se distribue entre les *manzanas* qui dénotent la *première unité* de toutes les dizaines de *manzanas*, la *seconde centaine* de *solares* entre les *manzanas* qui contiennent les *secondes unités* des dites dizaines, et ainsi de suite jusqu'à la *dixième centaine* de *solares* qui reste répartie, parcourant toutes les *manzanas* qui contiennent les *dixièmes unités* de dizaine, ou en d'autres termes, la dixième dizaine de *solares* (91 à 100) est dans la dernière rangée de manzanas, dont les numéros complètent les dizaines (10, 20....... 90, 100) ; par conséquent le *solar* n° 1 de chaque quadrant, est près de l'origine et le *solar* n°, 1000 dans la centième manzana de chaque *cuartel* ou dans l'angle le plus distant de cette origine. La séparation des numéros pairs et impairs, correspondant par rangées, tient aux combinaisons du système en ce qui concerne la numération de maisons et le tout selon le diagramme de la figure 3, qui par manque d'espace représente seulement les

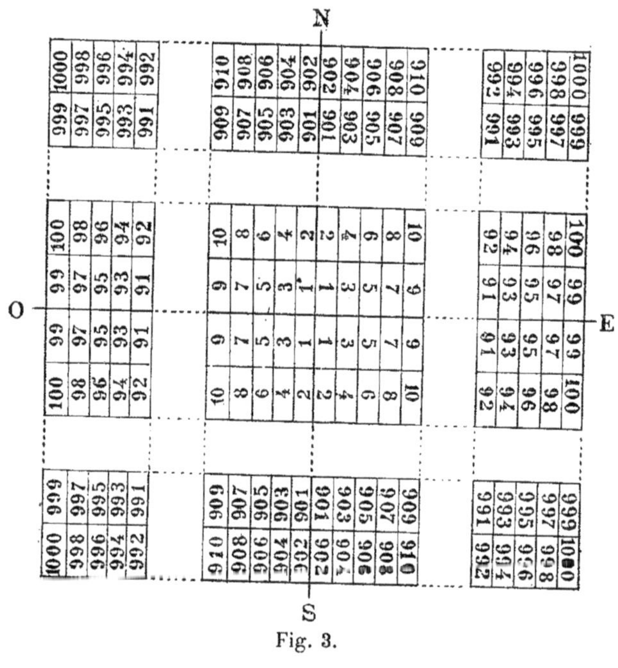

Fig. 3.

premières et les dernières *manzanas* des quatre quadrants.

Autant dans la numération des *cuarteles*, que dans celle des *manzanas* et des *solares*, où il n'existe pas des terrains distribués, on supprime les numéros qui devraient leur correspondre, sans que cela signifie qu'ils ne doivent pas être tenus en compte, mais on doit réserver leurs places pour quand ils se distribueront et rempliront, car autrement on ferait tort au système, qui, comme nous l'avons répété, consiste essentiellement dans la dénomination par directions magnétiques (*rumbos*) et numération par distances.

Nous traiterons maintenant de la nomenclature des rues et de la numération des maisons sans détailler les systèmes établis dans d'autres pays, entre lesquels, même dans les plus réguliers qui sont ceux des villes modernes des États-Unis du Nord de l'Amérique, on note de l'inconséquence, parce qu'on mêle aux noms les numéros, lettres et faits historiques ou coutumes routinières qui n'ont rien à voir entre eux et pour les maisons, seulement les numéros donnent une idée d'ordre, mais aucune de situation ou de distances, tandis que le nôtre est connotatif, car il a raison d'être dans toutes ses parties, exprimant en lui-même, emplacement et distance, ce qui équivaut à se passer des plans des villes pour les usages communs de la vie sociale. Mais nous ferons ressortir que notre système, outre les avantages ci-dessus indiqués, est à la portée des intelligences les plus bornées, parce que personne n'ignore la direction des vents cardinaux ni la numération ordinale: il facilite les transactions puisqu'on a présent à la mémoire l'idée des situations; il régularise les opérations cadastrales et les facilite, par la seule raison que ces situations et ces distances, indiquent par elles-mêmes la relation des extensions et des valeurs et contribuent à la meilleure administration dans toutes les branches, parce que si l'on met les livres de registre et si on apporte à toute la documentation et aux opérations l'harmonie avec le système, il est alors inutile de faire de longues études qui aujourd'hui sont nécessaires pour se mettre au courant des affaires; les références sont simples et les opérations fiscales s'effectuent avec plus de réussite. Nous avertirons, auparavant, que la dénomination expliquée des *solares* doit seule subsister dans les registres primordiaux, parce que la subdivision par fractions plus petites ne conviendrait pas dans les adjudications primitives parce qu'elles se compliqueraient inutilement; en outre comme les nomenclatures sont autant applicables aux villes nouvelles qu'aux anciennes, une fois les villes établies, seules, les opérations d'aliénation et de subdivisions très petites devront se rapporter à la nomenclature des rues et numérotage des maisons que nous allons détailler, les adjudications primitives se citant seulement dans les premières aliénations mais non dans les postérieures. Les mêmes axes principaux étant pris comme le commencement des nomenclatures, chaque rue prend en général la dénomination de la direction magnétique vers laquelle elle se dirige en s'éloignant des centres : les *rues* qui concourent à l'origine s'appellent *Centrale Nord, Centrale Sud, Centrale Ouest* et *Centrale Est*, depuis le point d'intersection des axes jusqu'aux confins de la ville; toutes les rues parallèles aux rues centrales s'appellent depuis celles-ci jusqu'aux confins : *Nord, Sud, Ouest* et *Est* respectivement, en se distinguant par rue 1re, 2e, 3e, etc., à mesure qu'elles se séparent des axes jusqu'aux dernières de numéro plus élevé; et pour indiquer la région à laquelle appartiennent les parties de rue qui ont le même axe, leur dénomination est additionnée avec le distinctif du quadrant depuis les rues centrales jusqu'à l'extérieur; ainsi toutes celles du *Nord* et *Sud*, on les appellera *rues 1re, 2e, 3e, etc., Nord dans la région Ouest, rues 1re, 2e, 3e, etc., Nord dans la région Est, rues 1re, 2e, 3e, etc., Sud dans la région Ouest et rues 1re, 2e, 3e, etc., Sud dans la région Est;* et les perpendiculaires aux antérieures qui sont celles de l'Ouest et de l'Est s'appelleront :

Rues 1re, 2e, 3e, etc., Ouest dans la région Nord, rues 1re, 2e, 3e, etc., Ouest dans la région Sud, rues 1re, 2e, 3e, etc., Est dans la région Nord et rues 1re, 2e, 3e, etc., Est dans la région Sud. Mais par abréviation et pour ne pas se confondre, elles doivent se désigner avec les directions avec toutes les lettres du mot et les quadrants avec seulement les initiales, s'écrivant aussi, comme on voit dans la figure 4 : *Rues 1re, 2e, 3e, etc., Nord O. Rues 1re, 2e, 3e, etc. Nord E. Rues 1re, 2e, 3e, etc. Sud O. Rues 1re, 2e, 3e, etc. Sud E. et les transversales Rues 1re, 2e, 3e, etc. Ouest N. Rues 1re, 2e, 3e, etc. Ouest S. Rues 1re, 2e, 3e, etc. Est N. Rues 1re, 2e, 3e, etc. Est S.*

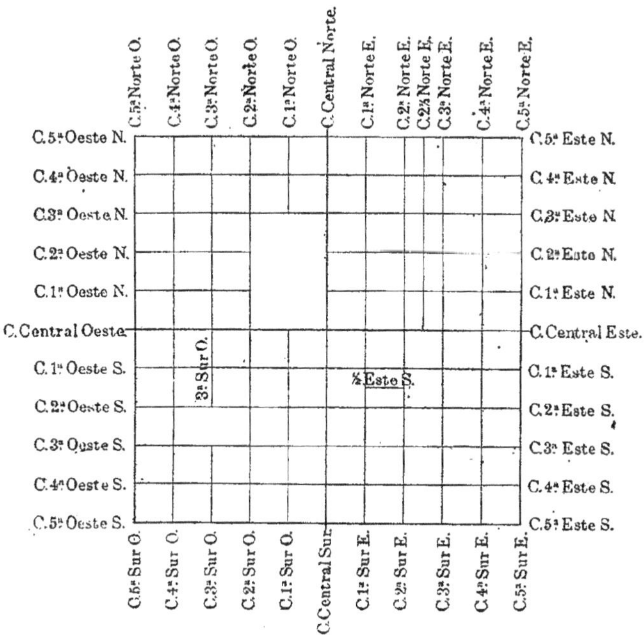

Fig. 4.

Dans le cas où il manquerait quelque rue en totalité ou en partie soit par l'union de deux rangées de *manzanas* de grandeur commune dans toute la dizaine ou par l'union de quelques-unes d'entre elles, on supprime alors tout à fait la dénomination de la rue ou seulement dans les portions interrompues sans que cela altère les noms des autres pour ne pas perdre la désignation qui est invariable par directions magnétiques (*rumbos*) et distances.

Par exemple : supposant que, comme on le voit dans la

figure, dans le quadrant Nord-Ouest les premières, secondes, et troisièmes *manzanas* de la première et de la seconde rangée ou dizaine, formassent une seule grande *manzana* il n'y aurait pas *rue 1re Nord O.* mais dès le haut de la *rue 3e Ouest N.*, ni *rue 1re* et *2e Ouest N.* mais plus loin de la *rue 2e Nord O.*; si dans le quadrant Sud-Ouest les troisièmes *manzanas* de la troisième et quatrième rangée ou dizaines, c'est-à-dire la 23e et le 33e *manzanas* se trouveraient ensemble la *rue 3e Sud O.* serait coupée sans que ses portions libres perdissent leur nom, avant et après l'obstruction.

Dans le cas de rues intermédiaires, divisant les *manzanas* dans les mêmes sens dans lesquels courent celles du tracé régulier, par toute la ville ou dans une partie seulement, ces rues prendraient leurs noms analogues à leurs places et à leurs distances des axes correspondants; ainsi en supposant divisée dans toute sa longueur la troisième dizaine des *manzanas* du quadrant Nord-Est, comme l'indique la figure, nous appellerions cette nouvelle rue, *rue 2 1/2 Nord E.*; si la seconde *manzana* de la seconde rangée du quadrant Sud-Est était divisée perpendiculairement, nous nommerions cette rue intermédiaire, *rue 1 1/2 Est S.* sans plus d'explication parce que nous verrons que les numéros des maisons exprimeraient par eux-mêmes que cette petite rue court en traversant simplement la *manzana* citée.

Nous adopterions ces mêmes dénominations intermédiaires pour toutes les rues correspondantes, dans une ville dans las quelle les *manzanas* eussent une commune longueur dans un sens, et près de la moitié dans la perpendiculaire ; alors les premières conserveraient leurs noms primitifs et les secondes ou *cabeceras* prendraient ceux de 1 1/2, 2 1/2, 3 1/2 etc. avec la direction d'éloignement et la région de situation. Maintenant quand on rencontre dans une ville des rues obliques aux directions des axes, ou qui traversent uniquement quelque-*manzanas*, quoique à première vue nous devrions être stricts à suivre la nomenclature de direction, situation et distance, comme ces cas sont exceptionnels et que les nouvelles combinaisons de directions compliqueraient les abréviations, nous préférons mieux désigner ces rues transversales par les noms combinés du lieu d'où elles partent et de celui où elles se terminent, excepté celles qui commencent à l'origine, que nous appelons *centrales*, en les distinguant si l'on veut par le nom d'*avenues*, pour leur animation probablement plus grande, La figure 5 offre tous les cas qui peuvent se présenter et elle

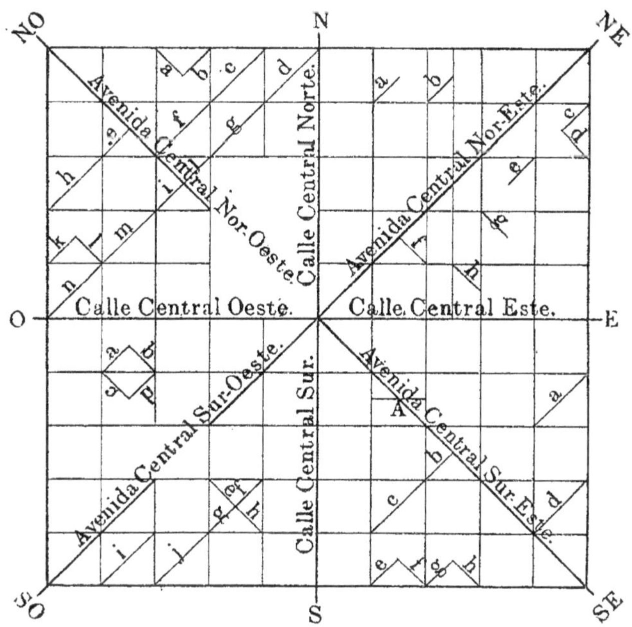

Fig. 5.

expliquera mieux l'idée. On peut voir que dans le diagramme nous mettons les rues du départ et d'arrivée en forme de fractions dans laquelle le numérateur exprime la première de ces rues et le dénominateur la seconde.

Quoiqu'il semble qu'on devrait donner les mêmes noms à d'autres rues, cela ne fait rien car lorsque nous aurons expliqué le numérotage des maisons on verra que l'idée des distances à l'axe principal Nord-Sud est complète, sans introduire la confusion comme il arriverait si nous voulions exprimer les intersections des rues de départ et d'arrivée.

Mais comme il pourrait arriver que quelques portions de ces rues transversales se ferment et alors seraient interrompues par les *manzanas*, pour continuer dans la même direction, les *manzanas* passées, il est encore préférable de les désigner partiellement, quand même on ne pourrait déjà connaître par le nom, l'ensemble de rues alignées, ce qui importe peu si en échange la désignation se faisant plus précise, reste invariable quel que soit le nombre de rues qui se ferment ou s'ouvrent à nouveau. Les rues signalées par les lettres de la figure 5 se dénomineront toujours, l'ordre des termes concordant avec l'ordre naturel des numéros des maisons, dans cette forme :

Quadrant Nord-Ouest.

$$\mathbf{a} = \frac{\text{4 1/2 Ouest N.}}{\text{5}^{\text{e}}\text{ Ouest N.}} \qquad \mathbf{b} = \frac{\text{5}^{\text{e}}\text{ Ouest N.}}{\text{4 1/2 Ouest N.}} \qquad \mathbf{c} = \frac{\text{5}^{\text{e}}\text{ Ouest N.}}{\text{4}^{\text{e}}\text{ Ouest N.}}$$

$$\mathbf{d} = \frac{\text{5}^{\text{e}}\text{ Ouest N.}}{\text{4}^{\text{e}}\text{ Ouest N.}} \qquad \mathbf{e} = \frac{\text{3 1/2 Ouest N.}}{\text{3}^{\text{e}}\text{ Ouest N.}} \qquad \mathbf{f} = \frac{\text{4}^{\text{e}}\text{ Ouest N.}}{\text{3}^{\text{e}}\text{ Ouest N.}}$$

$$\mathbf{g} = \frac{\text{4}^{\text{e}}\text{ Ouest N.}}{\text{3}^{\text{e}}\text{ Ouest N.}} \qquad \mathbf{h} = \frac{\text{3}^{\text{e}}\text{ Ouest N.}}{\text{2}^{\text{e}}\text{ Ouest N.}} \qquad \mathbf{i} = \frac{\text{3}^{\text{e}}\text{ Ouest N.}}{\text{2 1/2 Ouest N.}}$$

$$\mathbf{j} = \frac{\text{2 1/2 Ouest N.}}{\text{2}^{\text{e}}\text{ Ouest N.}} \qquad \mathbf{k} = \frac{\text{1 1/2 Ouest N.}}{\text{1}^{\text{re}}\text{ Ouest N.}} \qquad \mathbf{l} = \frac{\text{1}^{\text{re}}\text{ Ouest N.}}{\text{1 1/2 Ouest N.}}$$

$$\mathbf{m} = \frac{\text{2}^{\text{e}}\text{ Ouest N.}}{\text{1}^{\text{re}}\text{ Ouest N.}} \qquad \mathbf{n} = \frac{\text{1}^{\text{re}}\text{ Ouest N.}}{\text{Centrale Ouest.}}$$

Quadrant Sud-Ouest.

$$\mathbf{a} = \frac{\text{1/2 Ouest S.}}{\text{1}^{\text{re}}\text{ Ouest S.}} \qquad \mathbf{b} = \frac{\text{1}^{\text{re}}\text{ Ouest S.}}{\text{1/2 Ouest S.}} \qquad \mathbf{c} = \frac{\text{1 1/2 Ouest S.}}{\text{1}^{\text{re}}\text{ Ouest S.}}$$

$$\mathbf{d} = \frac{\text{1}^{\text{re}}\text{ Ouest S.}}{\text{1 1/2 Ouest S.}} \qquad \mathbf{e} = \frac{\text{3 1/2 Ouest S.}}{\text{3}^{\text{e}}\text{ Ouest S.}} \qquad \mathbf{f} = \frac{\text{3}^{\text{e}}\text{ Ouest S.}}{\text{3 1/2 Ouest S.}}$$

$g = \dfrac{\text{31/2 Ouest S.}}{4^{e}\text{ Ouest S.}}$ $h = \dfrac{4^{e}\text{ Ouest S.}}{\text{31/2 Ouest S.}}$ $i = \dfrac{4^{e}\text{ Ouest S.}}{5^{e}\text{ Ouest S.}}$

$j = \dfrac{4^{e}\text{ Ouest S.}}{5^{e}\text{ Ouest S.}}$

Quadrant Sud-Est : A = 11/2 Est S.

$a = \dfrac{2^{e}\text{ Est S.}}{1^{re}\text{ Est S.}}$ $b = \dfrac{3^{e}\text{ Est S.}}{\text{21/2 Est S.}}$ $c = \dfrac{4^{e}\text{ Est S.}}{3^{e}\text{ Est S.}}$

$d = \dfrac{4^{e}\text{ Est S.}}{3^{e}\text{ Est S.}}$ $e = \dfrac{5^{e}\text{ Est S.}}{\text{41/2 Est S.}}$ $f = \dfrac{\text{41/2 Est S.}}{5^{e}\text{ Est S.}}$

$g = \dfrac{5^{e}\text{ Est S.}}{\text{41/2 Est S.}}$ $h = \dfrac{\text{41/2 Est S.}}{5^{e}\text{ Est S.}}$

Quadrant Nord-Est.

$a = \dfrac{4^{e}\text{ Est N.}}{\text{4 1/2 Est N.}}$ $b = \dfrac{4^{e}\text{ Est N.}}{\text{41/2 Est N.}}$ $c = \dfrac{\text{31/2 Est N.}}{4^{e}\text{ Est N.}}$

$d = \dfrac{\text{3 1/2 Est N.}}{3^{e}\text{ Est N.}}$ $e = \dfrac{\text{21/2 Est N.}}{3^{e}\text{ Est N.}}$ $f = \dfrac{\text{11/2 Est N.}}{1^{re}\text{ Est N.}}$

$g = \dfrac{2^{e}\text{ Est N.}}{\text{1/2 Est N.}}$ $h = \dfrac{1^{re}\text{ Est N.}}{\text{1/2 Est N.}}$

Pour les numéros des maisons il faut considérer les conditions suivantes : 1r que toutes les numérations commencent dans les rues centrales, Nord, Ouest, Sud, Est, et celles de ces rues dans leur croisement ou l'origine de tout le système, se suivant vers l'extérieur sans plus d'interruptions que celles qui résultent des mêmes interruptions des trottoirs (*aceras*) ou côtés de *manzanas* qui les forment; 2e que dans chaque rue de la grandeur des côtés communs des *manzanas*, on doit mettre seulement les numéros de la dizaine qui touche à leur distance depuis les rues centrales ou depuis l'origine dans elles; 3e que tous les numéros impairs se suivent du même côté et les pairs du côté opposé de n'importe quelle rue, le côté où se trouve l'édifice principal ou palais du Gouvernement étant le côté auquel on subordonne l'ordre; 4e que la distribution se fasse le plus possible en relation aux distances ou au commencement et à la fin de chaque rue de grandeur commune.

Conformément à ces règles, on a numéroté les maisons qui se trouvent dans chacun des quatre quadrants pour remplir tous les cas, mais dans les diagrammes des figures 6e **a**,

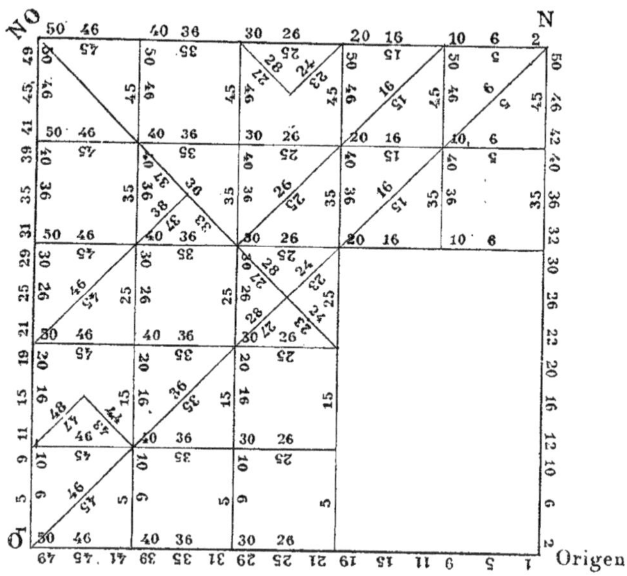

Fig. 6 (*a*).

b, **c**, **d**, on a seulement mis les numéros les plus indispensables pour éviter toute confusion en remarquant : 1r que, où il n'y a pas de *manzanas* les numérotages des maisons sont mis sur les trottoirs (*aceras*) existants, parce qu'il est naturel que le reste se formera quand ces *manzanas* se rempliront; 2e que le numérotage des rues obliques correspond à ceux de l'Ouest et de l'Est, comme si ceux-là fussent la continuation de ceux-ci; on en a disposé ainsi expressément pour que les *manzanas* correspondantes aux rues obliques qui passent par le centre, c'est-à-dire les avenues, aboutissent toujours aux mêmes dizaines de numéros et coïncident avec le numéro d'ordre des *manzanas*, ce qui est avantageux, parce que ces avenues sont les rues qui raccourcissent le plus les distances; ainsi, dans les premières *manzanas* des premières rangées ou numéros 1 sont tous les numéros des premières dizaines; dans les 2es *manzanas* des 2es rangées ou

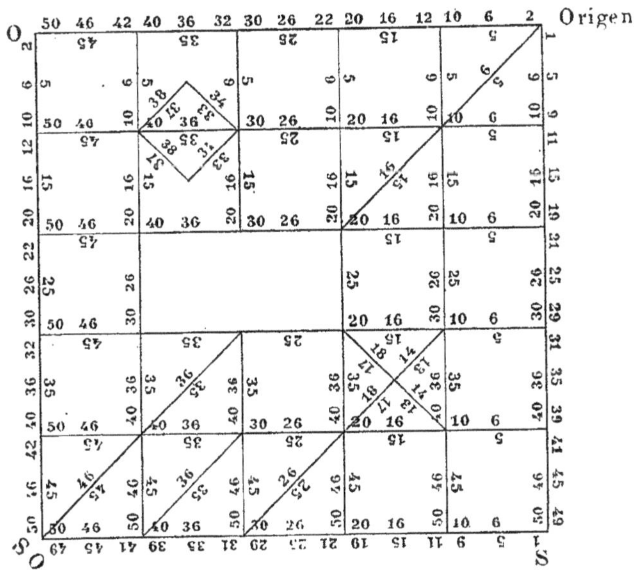

Fig. 6 (*b*).

nos 22 sont tous les vingt; dans les 3es *manzanas* de la 3e file ou rangée ou nos 33, tous les trente, etc. 3e que dans les interruptions sur une ou deux des *aceras* de quelques rues, produites par l'interposition ou croisement d'autres rues transversales, les maisons occupées par ces dernières n'ont pas de numéros, pour la raison qu'elles n'existent pas ou qu'elles n'existeront pas jusqu'à ce que se ferment les interruptions, et c'est alors qu'on mettra les numéros supprimés; 4e pour les rues entièrement fermées par un bout, les numéros continuent jusqu'à ceux qui correspondent à la distance ou longueur de ces rues, le plus convenable à l'inclinaison de la rue touchant à la fermeture de cette rue, ou pour mieux dire celui qui lui correspondrait s'il y avait une autre traversée et si cette fermeture servait de partie du trottoir ou côté respectif, comme l'indique la fig. 6 (d). Dans la fig. 7 nous plaçons la disposition complète des numéros dans

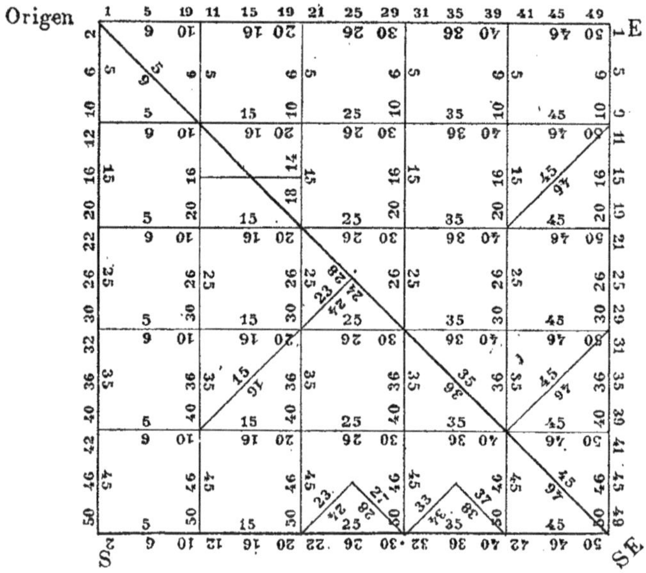

Fig. 6 (c).

les *manzanas* les plus proches de l'origine, en supposant qu'il n'y a pas d'interruptions. Dans toute la ville, chaque numéro correspond à l'extension d'un cinquième de la longueur d'une rue de *manzana* commune, mais dans le cas où la façade d'une maison embrasserait celle de 2 ou de 3, il lui correspondrait, dans les registres, les numéros de l'ensemble, mais celui de sa situation seulement au frontispice de cette maison, pour éviter que les numéros s'agglomèrent; et on placerait les autres quand on subdiviserait la façade ou qu'il y eût plus d'entrées.

Si l'extension propre ou cinquième de *manzana* comprenait plus d'une propriété ou plus de frontispice, tous ceux compris dans elle auraient le même numéro, avec le distinctif de la fraction unique et relative au lieu qu'ils occupent pour ne jamais perdre les relations de situation et de dis-

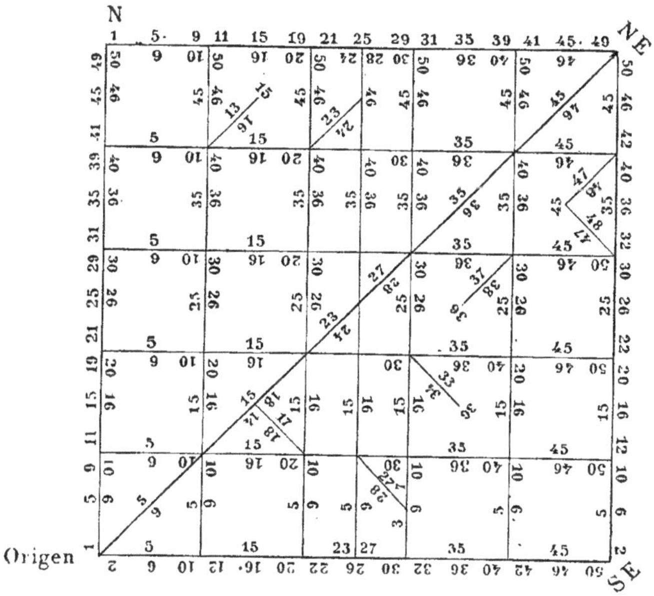

Fig. 6 (*d*)

tance. Se traitant, par exemple, de *manzanas* communes, de 100 mètres environ de côté, chaque maison aurait 20 mètres, entre lesquels plus de 4 ou 5 mètres de façade ne sauraient tenir qui auraient alors les n°s 18, 18 1/4, 18 1/2, 18 3/4, si le 18 correspondait au frontispice total et naturellement on supprimerait de ces distinctifs ceux qui de fait n'existeraient pas, laissant seulement ceux qui de droit correspondraient selon leur place.

Dans notre projet primitif, les numérations commençaient par le zéro qui doit en réalité se prendre comme limite inférieure, et ainsi l'ordre des rues était plus simple, mais cela choqua les personnes que nous consultâmes (affaire de routine) nous les fîmes alors commencer par le numéro *un*. N'importe comment, l'essentiel est que ayant dans l'imagination tout le système et sachant la longueur des rues com-

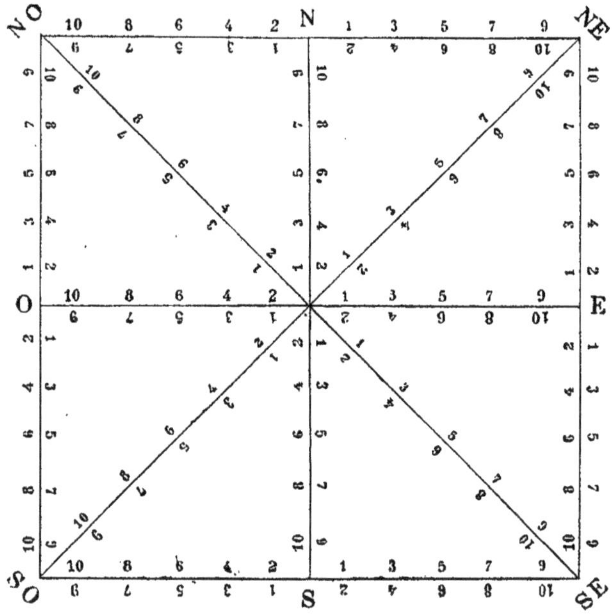

Fig. 7.

munes et leur largeur, on peut faire de mémoire le calcul des distances entre deux points quelconques de la ville. Par la séparation de couleurs que nous expliquerons ensuite on comprendra aussi qu'il suffit de lire deux numéros consécutifs sur autant d'autres rues perpendiculaires et distinguer leurs couleurs pour savoir le lieu exact où l'on se trouve dans la ville, et déduire toutes les directions (*rumbos*) et de la même façon on arriverait à pouvoir distinguer deux numéros consécutifs et le nom de la plaque dans une rue quelconque, ou seulement 2 plaques de rues perpendiculaires l'une à l'autre. Dès que l'on note des changements de couleurs, c'est qu'on a changé de direction (*rumbo*) et quand sur un côté les numéros sont différents de ceux du côté opposé, c'est qu'on est arrivé à une rue centrale.

Le complément mentionné des couleurs consiste dans la distinction très perceptible de leurs tons, aidée des formes et de la disposition les plus appropriées. Nous conseillons d'écrire les écriteaux et le numérotage avec des caractères de type monumental, par la combinaison des couleurs blanche, verte, noire et rouge, comme l'indiquent les exemples de la figure 8. Naturellement, sur chaque *trottoir* (*acera*) des rues centrales, entre aussi la respective séparation de couleur et de forme pour les plaques des rues et les numéros des maisons.

Nous n'avons pas parlé de la dénomination de jardins ou de places, parce qu'il est entendu qu'ils se trouvent dans les espaces vides qui restent entre les rues et par conséquent il est inutile de les noter, puisque la nomenclature et les numérations ne varient en rien.

Cependant, si on voulait suivre jusqu'à l'extrême les désignations, nous appellerions, en conséquence de notre système : parc ou place centrale celui de l'intersection des rues *centrales; 5e Nord, 5e Ouest* ou simplement *5es Nord-Ouest*, celles du croisement des cinquièmes rues; *5e Nord, 12e Ouest*, celui du croisement de ces rues et ainsi des autres, toutes les fois que lesdites rues déboucheraient dans le milieu des places et quand ces dernières se trouveraient comprises entre quatre rues, *Centrale, Nord-Ouest, Sud-Ouest, Sud-Est* ou *Nord-Est, 5e et 6e Nord, 5e et 6e Ouest, 5e et 6e Nord, 12e et 13e Ouest*, etc. Deux sérieuses objections peuvent uniquement s'opposer à l'acceptation du système dans toutes ses parties : la première c'est qu'il ne paraît pas facile de retenir à

Fig. 8.

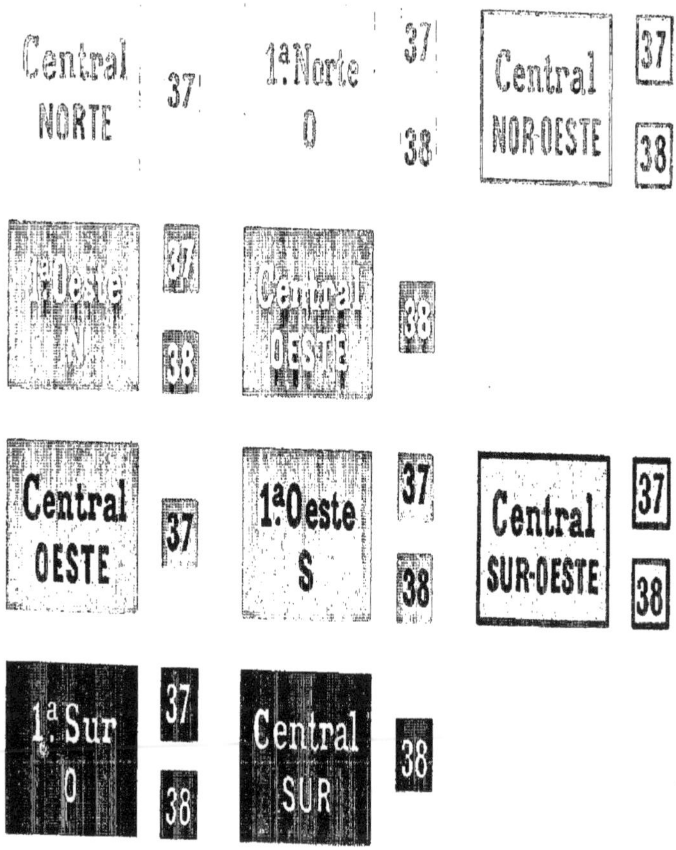

Central NORTE
37
1ª Norte O
37
38
Central NOR-OESTE
37
38
1ª Oeste N
37
38
Central OESTE
38
Central OESTE
37
1ª Oeste S
37
38
Central SUR-OESTE
37
38
1ª Sur O
37
38
Central SUR
38

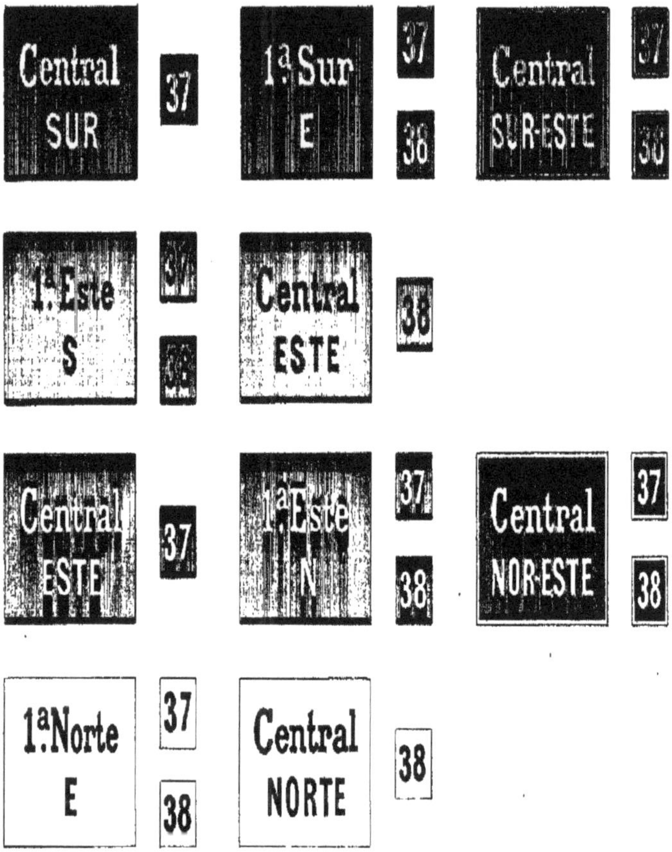
Central SUR
37
1ª Sur E
37
38
Central SUR-ESTE
37
38
1ª Este S
37
38
Central ESTE
38
Central ESTE
37
1ª Este N
37
38
Central NOR-ESTE
37
38
1ª Norte E
37
38
Central NORTE
38

la mémoire la distinction des numéros et la seconde, qu'il est très rare que l'on saute d'un numéro à un autre, sans que celui-ci soit celui qui le suive immédiatement dans l'ordre naturel. Ces deux objections proviennent seulement du manque d'habitude, ou mieux d'application antérieure dans la partie de laquelle nous nous occupâmes, car il n'est jamais arrivé de faire la première, en traitant, par exemple, de voitures de louage, chargeurs, porteurs d'eau, policiers, etc. d'une ville, mais que chacun se distingue par le numéro qu'il porte, et dans les lieux publics, hôpitaux, musées, etc. toutes les citations sont des parties ou des sections et ont un numéro ordinal dans les mêmes cas; on peut encore moins faire la seconde objection car si pour une cause quelconque, quelques places manquaient de se remplir, elles resteraient vacantes et personne ne songerait alors à mentionner leurs numéros, sans s'exposer à chercher inutilement ou à trouver vides les lieux respectifs.

Nous ne nous étendrons pas sur l'accommodation des livres et registres administratifs aux systèmes expliqués, pour ne pas nous distraire plus longtemps du sujet principal; nous indiquerons seulement que, ces livres unis à d'autres registres graphiques à la vue du public, et l'électricité étant appliquée à quelques-uns de ces systèmes, le service s'abrégerait extraordinairement, en économisant beaucoup de traitements, en même temps qu'on éviterait la multitude d'équivoques et même de fausses opérations dues au manque d'un bon arrangement.

⁂

Nous revenons aux levés de la Commission.

Leurs résultats se partagent entre le Ministère des Travaux publics et celui de la Guerre, appartenant au premier les originaux de l'ensemble avec les notes qui contribuèrent à sa formation et au second, une copie de ces notes et tous les originaux de détail avec leurs carnets de campagne respectifs et en outre, les travaux exclusivement militaires, dont les documents se conservent au corps spécial d'État-major, où l'on formera une section spéciale de cartes et plans, dont l'organisation se fera par divisions régionales selon le système de fractionnements exposé, de la carte générale à l'effet que chaque section des archives occupant un lieu invariable et analogue à celui de situation dans le terrain, l'usage de tout ce qui est déposé là soit facilité.

∴

La Section d'Histoire Naturelle, luttant avec les mêmes difficultés que le reste de la Commission, commença ses opérations à la fin de 1879 avec un ingénieur seul (1) et continua ainsi jusqu'au milieu de 1882, qui vit augmenter son personnel d'autres individus de la part du Ministère des Travaux publics et deux officiers de l'État-major spécial du Ministère de la Guerre.

Comme nous le manifestions auparavant, les travaux de cette Section se sont étendus aux zones mêmes des levés, ceux-ci se vérifiant dans elles, plus avantageusement pendant toutes les saisons de l'année et aussi d'autres explorations isolées se sont effectuées dans la Basse Californie et dans les îles du Triangulo, sur les côtes de Campeche.

Le manque d'une bibliothèque spéciale et de local, pour distribuer convenablement nos exemplaires, nous obligea aussitôt à les collectionner et à les préparer pour les conserver dans nos centres d'opérations, jusqu'en 1885, ou alors nous nous vîmes obligés, par l'Exposition internationale de la Nouvelle-Orléans, de commencer les classifications pour pouvoir présenter nos exemplaires ordonnés scientifiquement

(1) M. Fernando Ferrari Perez, chef de la Section, actuellement à Paris, comme chef du 2e groupe de la Section Mexicaine à l'Exposition universelle, et chargé des collections exposées par la Commission Géographique, à l'Exposition.

et jusqu'au point où nous le permettaient les circonstances. Ce motif nous servit assez pour poursuivre la tâche avec plus de succès, car le bon accueil que nos ingénieurs reçurent des professeurs de l'Institut Smithsonien, à Washington, facilita l'étude et donna occasion d'identifier beaucoup d'exemplaires par ceux qui se conservent là-bas et en même temps, de confirmer la nouveauté de quelques inconnus ou non encore décrits jusqu'alors. Cet incident de l'Exposition contribua aussi assez à la résolution du Gouvernement Mexicain de nous donner un local pour fonder le Musée de la Commission qui maintenant est établi dans la ville de Tacubaya, à 6 kilomètres de Mexico.

Quoique nous éprouvâmes une grande perte dans le transport de nos collections à la Nouvelle-Orléans, par l'incendie du navire qui conduisait une bonne partie des collections d'histoire naturelle, on peut juger de l'importance qu'on attribua à l'ensemble que nous présentâmes dans cette Exposition, par la récompense extraordinaire accordée à la Commission Géographique Exploratrice. Après cet accident il n'était pas prudent d'aventurer pour un voyage en Europe, un plus grand nombre d'échantillons que ceux remis pour l'Exposition de Paris, pour laquelle on a choisi uniquement une certaine variété d'eux, et on a pourvu M. Ferrari Perez d'un bon nombre d'échantillons doubles de zoologie et botanique afin de faire des échanges avec les types qui paraîtraient les plus intéressants.

Jusqu'à ce que nous ayons complété la classification de ce que nous avons acquis dans les trois dernières années et jusqu'à la fin de l'Exposition de Paris, nous donnerons le placement définitif que doivent avoir tous les exemplaires dans notre Musée, pour montrer toutes ensemble, les richesses naturelles du territoire Mexicain, et le Musée une fois parfaitement arrangé, pourra servir, avec plus de profit, aux études pratiques des enfants du pays, études auxquelles nous avons présentement contribué, en cédant la

. . . .

majeure partie des exemplaires exposés, au Collège Militaire, dans ses cabinets d'Histoire naturelle. Nous donnerons, en décrivant notre Musée, une idée de la manière par laquelle on a arrangé provisoirement les collections.

* * *

Voyons maintenant comment se font les divers travaux de la Commission.

Les travaux facultatifs se distribuent entre les ingénieurs et les officiers employés dans la Commission, selon leurs aptitudes spéciales et la catégorie que chacun représente ; mais comme en des circonstances déterminées, ces individus ont à prêter indistinctement leur coopération dans les autres parties, on tâche que tous soient suffisamment instruits dans la diversité des opérations et pour cela on les destine, pour un certain temps, dans chacune des sections établies pour le service. Les explorations se vérifient aux époques de l'année qui sont les plus propices pour l'acquisition de notes et au retour des sections de campagne aux centres d'opérations, leur personnel reste attaché aux sections citées pour s'occuper des opérations respectives de cabinet. Dans le centre principal d'opérations (aujourd'hui à Xalapa), où réside actuellement la Direction, sont aussi établis les bureaux du détail militaire et d'administration ainsi que les sections concernant les branches de géographie et de reproductions, et dans l'édifice du Musée de la Commission se trouvent établis ceux qui appartiennent à la Section d'Histoire Naturelle. Les sections de ce centre sont celles du secrétariat, calculs, dessin, observations, lithographie et photographie, chacune avec leur chef respectif, et ceux de ladite Section d'Histoire Naturelle sont formés de ses cabinets de classification et d'exposition, ses ateliers de préparation, ayant aussi leurs attachés respectifs.

Le détail a à sa charge tout ce qui appartient au service militaire et à l'administration de l'escorte. Un bureau de paiement, dépendant de la Trésorerie générale de la Fédération se charge de la partie administrative de la Commission dans les autres services.

Le secrétariat, en outre du bureau de la correspondance de la Direction, doit avoir soin des archives qui comprennent aussi tous les manuscrits originaux de la Commission et les imprimés qui lui sont adressés. A la Section des calculs, incombe l'ordonnance et la computation de tous les résultats numériques qui s'obtiennent par les notes de campagne des sections expéditionnaires, ou des observateurs de service dans le centre des opérations, et la formation des tables, etc., dont on a besoin pour les travaux de la Commission. Cette section a également la garde des archives des types et squelettes, sur lesquels on exécute les calculs, et que nous recommandons à l'attention des lecteurs.

Considérant que la série des calculs qu'il y a à faire dans une Commission scientifique, requiert certaines aptitudes et que le manque de conformité dans la disposition de chacun d'eux embarrasse leur exécution, en même temps qu'elle retarde beaucoup les révisions, nous pensons que la manière d'obvier à toute difficulté, serait la formation de squelettes qui, en obligeant les calculateurs à suivre sans perturbation la marche requise, leur économiserait le travail inutile de les disposer d'avance, ce qui est indispensable pour éviter les fréquentes erreurs auxquelles se voient exposées les personnes qui, sans avoir l'obligation forcée de connaitre la diversité d'applications à la perfection, s'occupent cependant de faire toute sorte de calculs comme il arrive à notre personnel qui, selon ce que nous avons dit antérieurement, change constamment d'occupation.

En outre, les squelettes imprimés, réduisent le temps de l'exécution des calculs d'un bon tiers, accoutument à la méthode, et mettent l'application des formules à la portée de toutes les intelligences.

Dans le Mémoire général de la Commission, nous traiterons

en détail de tous les avantages que donnent ces types, ainsi que des causes qui ont motivé l'adoption des formules qui s'y développent, nous limitant ici, à donner une idée générale de la manière dont sont disposés les volumes qui les contiennent et qui sont marqués du numéro 68, et à faire quelques observations sur la nouveauté que nous introduisîmes dans l'application des signes, laquelle, comme nous l'espérons, méritera l'approbation générale.

Le nombre des types qui requièrent les applications d'une Commission Géographique est si grand, par la variété de ces applications et la diversité des instruments, que pour la formation de ceux-là, nous nous sommes vu obligés à suivre l'ordre de la nécessité, pour cette raison, la collection se trouve dans l'actualité, interrompue à chaque pas, laissant des vides dans les livres qui se rempliront au fur et à mesure qu'on imprimera. Nous entendons que la collection complète sur la géodésie, astronomie et météorologie, se composera d'environ cinq cents types, à la formation desquels il ne nous est pas possible de consacrer plus de temps que celui que nous permet les attentions compliquées de la Commission et pour cela son achèvement doit se retarder.

En adoptant des types généraux pour chaque méthode, et mettant de côté la variété d'instruments, le nombre des types pourrait être fort diminué, mais on n'obtiendrait plus l'objet essentiel de faire savoir en détail les notes desquelles procède chaque calcul, et cela laisserait aussi aux exécutants la liberté d'agir à leur guise, en faisant des modifications que justement on a voulu éviter; d'autre part, dans un travail si long, comme est celui du levé de notre carte générale, les calculs doivent s'organiser de manière que dans n'importe quel temps, il soit facile de faire leur révision, qui comprendrait toute la série des opérations qui y entrent, depuis l'établissement des notes desquelles ils procèdent jusqu'aux derniers résultats et cela indistinctement pour un individu quelconque qui, sans être une spécialité, possède les éléments indispensables de la science. Nous avons introduit deux innovations essentielles dans la disposition et l'usage des formules, en les appliquant à nos types. La première consiste à ne pas considérer indifféremment, comme le fait la généralité des auteurs, l'erreur que comprend une quantité ou la correction qu'elle doit souffrir pour être la vraie; dans nos formules, nous avons seulement admis la dernière, en établissant invariablement que *toute quantité vraie est égale à la supposée plus la correction nécessaire*, dont l'équation rend toujours aditif le terme correctionnel et l'application algébrique de son signe propre est celle qui décide, au moment de l'opération numérique. La seconde consiste à ne pas admettre l'altération des formules générales pour les approprier aux différents cas, parce que cette altération complique les théories inutilement, change avec fréquence les signes des termes et même modifie la forme des expressions et change aussi les valeurs de certains coefficients.

Pour appliquer à tous les cas les formules générales, en leur conservant leur simplicité primitive, nous avons adopté l'usage de deux signes dans toute opération, celui qui précède les quantités qui est toujours l'algébrique ou de la formule, et celui qui les suit, qui est leur signe propre ou qui dépend de leur nature; en conséquence ce dernier décide aussi de l'opération arithmétique des quantités, en conservant aux résultats l'indice de leur provenance, et même en découvrant quelquefois des résultats impossibles, qui démontrent la mauvaise application des formules ou les erreurs commises.

La collection de types est divisée en deux groupes : celui de l'acquisition de notes pour les carnets de campagne que nous n'avons pas jugé nécessaire d'envoyer à l'Exposition ; et celui de calculs, que nous avons réuni en deux volumes, un pour les opérations géodésiques et l'autre pour les astronomiques, dans lequel nous adjoignons ceux qui se rapportent à la météorologie, leur nombre en étant très réduit.

Le second volume de calculs, duquel nous avons cinq exemplaires (numéros 68) est subdivisé dans la forme suivante.

Série 0. Des calculs préparatoires qu'il est inutile de conserver après avoir terminé les observations ou les opérations auxquelles ils se réfèrent.

Série 1. Des constantes instrumentales ou investigation des quantités correctives qui dépendent des instruments employés.

» 2. Observations de temps.

» 3. Marche de chronomètres.

» 4. Latitudes.

» 5. Azimuts.

» 6. Longitude.

» 7. Altitudes.

» 8. Observations météorologiques.

Les volumes de la collection que nous présentons, marqués des numéros 71 à 78 présentent des exemples des calculs exécutés dans les types mentionnés.

Les citations que chacun contient sur la provenance des notes, se refèrent aux volumes correspondants à la même année à laquelle appartient le calcul.

Dans la Section de dessin, on dépose tous les croquis et les esquisses formées dans la campagne pour la construction des plans, cartes et illustrations nécessaires. Les minutes d'itinéraires topographiques se collectionnent par volumes qui comprennent ceux appartenant à l'exécution de chacune des feuilles de la carte générale de la République au 100.000e (nº 63) et de ces mêmes collections on remet au Ministère de la Guerre une copie au net, un diagramme (nº 36) d'ensemble précédant chaque volume (nº 62), qui en fait savoir le contenu, avec registre des exécutants et laissant à la fin de ces volumes des vides suffisants pour y ajouter les itinéraires qui se lèvent postérieurement à ladite remise.

Le but de ces collections est de conserver certains détails, utiles dans l'armée, qui pour la réduction des échelles ne peuvent se représenter dans les cartes géographiques et en même temps avoir des notes exactes qui fassent découvrir la provenance de n'importe quelle erreur qui se note après. La préparation au crayon de tous les travaux graphiques correspond aux individus qui exécutent ceux de campagne et à la Section de dessin appartient leur mise à l'encre et les réductions nécessaires à la combinaison de données pour la construction des cartes géographiques. L'examen des tableaux (2 à 18) présente la manière d'enregistrer, dans toute sorte de cartes les données et l'annotation des numéros ou lettres qui correspondent aux feuilles adjacentes, selon le système de fractionnements. Outre les données qui figurent dans les feuilles des cartes générales à diverses échelles, on forme des catalogues séparés des noms différents par lesquels on connait ou on a connu antérieurement toutes les villes que les feuilles répétées comprennent, selon la disposition du n° 69 et ces catalogues ont pour but de décharger les cartes de la multitude d'écritures qui les rendraient trop confuses et sans que pour cela l'on perde les noms supprimés.

Toutes les notes qui se rapportent à la construction de ces feuilles des cartes générales, s'inscrivent ensemble dans les atlas registres respectifs, desquels nous présentons les plus indispensables, annotés des numéros 34 à 61 et aussi ceux auxquels se réfèrent les exemples exposés dans les tableaux du 19 au 22. On forme deux exemplaires des atlas-registres mentionnés, un qui reste à la Commission et l'autre destiné à l'État-major spécial.

Les plans topographiques des villes, ceux qui concernent le levé de portions isolées et ceux d'autres travaux de détail, dont la destination appartient au Ministère de la Guerre, s'enregistrent d'une manière semblable à celle des cartes mentionnées et entrent séparément dans d'autres catalogues formés par l'ordre alphabétique des initiales des noms de lieux, avec la série à laquelle ils appartiennent, la région de fraction dans laquelle les villes ou les portions citées sont situées et un extrait des notes que les plans comprennent.

Quant à la disposition que l'on donne à ces plans, on peut voir par les tableaux 23 à 26 qu'ils comprennent une variété de ces levés. La disposition, que dans la même section, on a donné aux vues panoramiques destinées au Mémoire général de la Commission, est celle mentionnée dans les tableaux nos 46 et 47 et celle d'autres vues isolées, dans le tableau no 45.

Les premières qui se prennent seulement dans les centres d'opérations, villes d'importance déterminée, etc., comprennent forcément l'ampleur d'un octant et sont sujettes à la même échelle; les secondes purement illustratives ont la même grandeur et une relation variable au naturel.

On fait une autre sorte de vues pour le service militaire et que par conséquent on ne rend pas publiques, et seulement en elles, on représente à l'entour les points dont la reconnaissance est nécessaire pour l'appréciation des distances par les plans correspondants.

Les *observatoires astronomique* et *météorologique* qui s'établissent dans les centres d'opérations ont pour but : le premier, de servir de pratique aux officiers, dans le maniement des instruments astronomiques qu'il y a dans la Commission, après avoir déterminé la situation géographique de ces centres; et le second, pour obtenir dans une période convenable, les notes les plus essentielles relatives à la climatologie des mêmes lieux et correspondre efficacement aux observations simultanées de pression et température que les sections expéditionnaires exécutent dans leurs voyages à des heures déterminées pour mieux obtenir les altitudes.

Les dépôts d'instruments de ces observatoires et celui des instruments de topographie, ont un assortiment relatif aux nécessités de la Commission et les étalons ou appareils de comparaison qu'exige la détermination de certaines valeurs et corrections instrumentales.

La Section de reproductions que nous avons établie ici, consiste dans un petit atelier de lithographie et un autre plus réduit de photographie destinés exclusivement au service de la Commission, mais peu à peu nous élargirons ces ateliers jusqu'à compléter les machines indispensables à la publication de tous nos travaux, comme nous avons dit au commencement.

Nous avons l'espérance que le Gouvernement suprême nous aidera dans cette entreprise en dotant les groupes respectifs de personnel et de ressources spéciales, car on a déjà remarqué la différence notable qu'il y a entre nos travaux de reproductions et ceux exécutés dans les meilleurs ateliers de la Capitale. La raison de cette différence est que les employés d'ateliers particuliers ne pourront jamais avoir l'école de ceux qui se forment spécialement dans notre Commission et d'autre part, pour quelques sortes d'impressions, préparation de substances, etc., il faut une certaine dose de connaissances scientifiques impossibles à exiger d'individus purement pratiques.

Nous devons à la direction de notre atelier de lithographie par un capitaine d'État-major spécial qui possède l'art, et celle d'un de nos ingénieurs qui a à sa charge l'atelier de photographie, de pouvoir présenter à l'Exposition les œuvres des genres qui se voient dans notre collection exécutées par des personnes dépendantes de la Commission.

A part les originaux et les reproductions qu'exécutèrent nos compagnons de la Commission, en qualité d'employés, quelques-uns ont voulu contribuer à son contingent, par des œuvres d'art de caractère distinct, que nous avons acceptées et que nous considérons comme des marques de patriotisme qui honoreront toujours leurs auteurs. Ces œuvres ont les numéros 34, 79 et 80.

*
* *

La Section d'Histoire naturelle établie, comme nous l'avons dit précédemment, dans la ville de Tacubaya, occupe une partie de l'édifice (l'autre est destinée en ce moment à l'Observatoire astronomique national) où fut établi pendant quelques années le Collège militaire; quoique la disposition du local n'est pas appropriée, on la réformera, et dans peu de temps, notre Musée pourra servir d'Institut National, dans lequel le monde scientifique trouvera réunis tous les éléments indispensables aux études des différents règnes de la nature, car au grand nombre d'exemplaires recueillis dans le pays, on ajoutera d'autres types choisis à l'étranger et il y aura aussi une bibliothèque spéciale, que nous remplissons peu à peu des meilleures œuvres publiées sur les différents règnes de la nature. Notre Musée contient deux grands salons, avec leurs vitrines correspondantes dans lesquelles sont placés à vue tous nos échantillons de zoologie, minéralogie, géologie, classés et ordonnés scientifiquement; il y a un autre salon destiné exclusivement aux bois et aux matières de construction du pays, et nous avons annexé aux salles d'exposition, un salon de lecture et de classifications avec la petite bibliothèque que nous possédons aujourd'hui, un atelier pour les dissections et la préparation des exemplaires, un autre de menuiserie et de forge, dans lequel les armures se construisent, où se font les réparations légères, et un petit atelier de photographie pour la reproduction des types.

Notre collection botanique, qui commence à se classer, restera exposée dans un nouveau salon que l'on établira quand les ressources de la Commission le permettront.

On doit comprendre que vu l'organisation toute récente de nos travaux et l'adaptation encore incomplète du local, notre Musée est encore loin de posséder tous les éléments qui lui sont nécessaires pour arriver à constituer l'Institut que nous désirons, mais nous comptons sur ceux qu'exige son soutien tel qu'il se trouve aujourd'hui et le reste viendra avec la protection du Gouvernement suprême qui nous est acquise. Le Musée est ouvert au public les jeudis et les dimanches, mais les personnes qui pour un but scientique voudraient le visiter peuvent le faire toutes les matinées des autres jours; là, on y verra aussi exposés les originaux des cartes géographiques et les œuvres publiées qui se rapportent à tous nos travaux.

L'organisation provisoire de nos collections dans les parties que nous traitons, et l'état dans lequel se trouvent actuellement les classifications est le suivant :

Géologie. — Les exemplaires sont seulement groupés par genres et les espèces dénommées, sans entrer encore en plein dans l'étude de la formation des terrains, qui est la synthèse ; nous avons laissé cela pour plus tard.

Paléontologie. — Les exemplaires de ce groupe sont encore arrangés d'une manière provisoire, comme une simple collection zoologique ou d'étude pour identifier les genres et espèces. Cependant, dans la majorité de ces mêmes exemplaires classés, *le terrain* et la *période* de gisement sont déjà exprimés.

Botanique. — Pour les classifications de botanique, on a suivi pour l'ordination général le *Genera plantarum de Bentham et Hooker*.

Zoologie.

Vertébrés. — Dans la section des mammifères nous nous sommes rapportés, dans leur classification, aux prescriptions d'*Edouard Alston*, dans la *Biologia Centrali Americana* éditée par *Godman et Salvin*, à Londres de 1879 à 1882. Pour les oiseaux on a suivi le système de classification du *Nomenclator Avium Neotropicalium* etc. de *Philippe Lutley Sclater* et *Olberto Salvin*, publiée à Londres en 1873, en faisant les modifications indiquées dans la partie relative de la *Biologia Centrali Americana* par *Godman et Salvin*.

Pour le reste de la série zoologique l'ordre adopté est celui des catalogues spéciaux publiés par le Musée Britannique de Londres, excepté pour les Coléoptères qui sont arrangés d'après le *Genera* de Lacordaire.

Telle est à présent l'organisation des collections et expositions de notre Musée pour la section d'Histoire naturelle.

Nous avons déjà quelques belles pièces d'ostéotomie montées, qui constitueront un autre cabinet dans le Musée même, mais nous ne les mentionnons pas ici, parce qu'elles sont à présent en nombre assez réduit.

Xalapa, le 15 juin 1889.

AGUSTIN DIAZ.

CATALOGUE GÉNÉRAL des objets remis à l'Exposition internationale de Paris, par la Commission Géographique Exploratrice de la République Mexicaine.

Section de Géographie et de Travaux graphiques.

N° 1* Registre de fractionnements pour les Cartes générales de la République Mexicaine, aux échelles de 1:2.000.000, 1:1.000.000, 1:500.000, 1:250.000, 1:100.000 et 1:20.000 (Dessin original à 1:4.000.000).

N° 2*	Original de la Feuille	11 — III	(E)	de la Carte générale au	100000e
N° 3*	»	11 — IV	(A)	»	»
N° 4*	»	11 — IV	(F)	»	»
N° 5*	»	19 — I	(I)	»	»
N° 6*	»	19 — I	(M)	»	»
N° 7*	»	19 — I	(R)	»	»
N° 8*	»	19 — I	(S)	»	»
N° 9*	»	19 — I	(T)	»	»
N° 10*	»	19 — I	(X)	»	»
N° 11*	»	19 — I	(Z)	»	»
N° 12*	»	19 — II	(K)	»	»
N° 13*	»	19 — II	(P)	»	»
N° 14*	»	19 — II	(Q)	»	»
N° 15*	»	19 — II	(V)	»	»
N° 16*	»	19 — III	(D)	»	»
N° 17*	»	19 — IV	(A)	»	»
N° 18*	»	19 — IV	(B)	»	»

* Les numéros marqués d'un *astérisque* appartiennent aux originaux destinés à la publication.

Ces feuilles ont été dessinées par les individus de la Commission dont le nom est sur la marge inférieure de chacune.

N° 19. — Original de la *feuille 19-I* de la Carte générale à l'échelle de 1 : 500.000 représentant la manière de remplir *l'atlas n° 58 de coordonnées géographiques.*

N° 20. — Original de la même *feuille 19-I* sur la manière de remplir *l'atlas n° 59 de voies parcourues.*

N° 21. — Original de la propre *feuille 19-I* expliquant la manière de remplir l'atlas n° 60 de *levés de portions isolées.*

N° 22. — Original qui comprend les *feuilles 5 et 8* de la carte générale à l'échelle de 1 : 1.000.000, expliquant la méthode suivie pour remplir *l'atlas n° 61 d'avancement progressif.*

N° 23*. — Original de la *feuille A P*, de la 3e série de publications, qui représente la *carte topographique générale des environs de Puebla*, par le système vertical, à l'échelle de 1 : 50.000. Dessinée par l'ingénieur Christophe T. Alvarez, chef de la Section de dessin de la Commission.

N° 24*. — Original de la *feuille T*, de la 5e série de publications : *Plan topographique de la ville de Teziutlan* par le système horizontal, à l'échelle de 1 : 5.000. Dessiné par le lieutenant d'E. M. S., Albert E. Gonzalez, agrégé de la Commission.

N° 25*. — Original de la même *feuille T*, dessiné par le système vertical, à la même échelle de 1 : 5.000.

N° 26*. — Original de la *feuille C* de la même série 5e : *Plan topographique de la ville de Chalchicomolan*. Échelle à 1 : 5.000.

N° 27. — Comparaison des résultats obtenus par un *croquis tracé à vue sur* le *papier pour esquisses* n° 37 et le *plan construit avec instruments de précision*, de la même partie, d'un itinéraire topographique.

N° 28. — *Registre de distribution des emplacements (solares) pour habitation dans la Colonie de Torim*, représentant une partie du système de tracés et nomenclatures, proposé par l'ingénieur A. Diaz.

N° 29. — *Registre de distribution de lots de semailles*, dans la même Colonie de Torim, avec le système de fractionnements par le même ingénieur.

N° 30. — Feuille 19-I (M), de la carte générale de la République au 100.000e, *lithographiée dans les ateliers de la Commission Géographique Exploratrice*, à la charge du capitaine d'E. M. S. Charles Neve.

N° 31. — Feuille 19-I (T) de la même carte générale; *lithographiée par M. Hippolyte Salazar* (de Mexico).

N° 32. — Feuille 19-I (M) de la même carte. *Reproduction héliographique à la nigrosine* pour services militaires.

N° 33. — Feuille 19-IV (A) de ladite carte. *Reproduction héliographique au ferrocyanure*, pour les mêmes services.

N° 33 *bis*. — Plan topographique général des environs de Puebla. *Reproduction héliographique au ferrocyanure et tanin* pour les mêmes services.

N° 34. — *Tableau à l'huile*, représentant une vue de la ville de Xalapa, centre actuel d'opérations de la Commission Géographique Exploratrice. Peinture originale du dessinateur de cette Commission, Charles Rivera.

N° 35. — Tables des signes et caractères pour villes, dans les cartes de la République. *Reproduction à la nigrosine* de la première feuille de la collection correspondante, formée par la Commission.

N° 36. — *Frontispice original* de l'atlas d'itinéraires topograhpiques, correspondants à la feuille 19-I (O) montrant la disposition des frontispices qui précèdent tous les atlas de cette espèce qui se remettent au Ministère de la Guerre.

N° 37. — *Feuille séparée* du papier pour esquisses topographiques, proposé par l'ingénieur Agustin Diaz, dont il a la propriété assurée.

N° 38. — *Réduction au cinquième*, de l'ensemble des feuilles murales de la carte topographique générale des environs de Puebla, contenues dans les atlas n° 33, photographiées par le soldat de l'escorte de la Comission, Lorenzo Caraza.

N° 39. — *Autre réduction au cinquième* de l'ensemble des feuilles de la même collection, destinée à se conserver en atlas, photographiées par le même soldat.

N° 40. — *Réduction à la moitié* de l'original n° 23 des environs de Puebla, *photographie* de l'ingénieur Fernando Ferrari Perez, chef de la Section d'Histoire naturelle de la Commission.

N° 41. — *Réduction au 1/3*, du même original n° 23, *photographie* du soldat Lorenzo Caraza.

N° 42. — *Reproduction à la nigrosine* du même numéro 23, par l'ingénieur de la Commission Rosendo Sandoval.

N° 43. — *Reproduction aux 2/5* de la 3e feuille de l'atlas n° 53. Travail à la *nigrosine* par le même ingénieur.

N° 44. — Autre *reproduction aux 2/5* de l'original n° 17 ; faite à la *nigrosine* par le même ingénieur.

N° 45. — *Vue de la montagne de Chicnautla*. Original par le dessinateur de la Commission Charles Rivera montrant le système adopté pour les travaux de cette espèce.

N° 46. — *Une vue* de la collection prise dans la ville de Teziutlan, *lithographiée* par l'aspirant de la Commission Joseph Leguizamo.

N° 47. — *Phototypie* d'une autre vue de cette collection par l'ingénieur Fernando Ferrari Perez.

N° 48. — *Portefeuilles postaux*, pour rémission de feuilles pliées de la carte générale. *Verso*.

N° 49. — *Portefeuilles postaux*. Recto des précédentes.

N° 50*. — *Copie d'un exemplaire géologique* pour montrer un des types adoptés pour cette sorte d'illustrations, par le dessinateur de la Commission Gilbert Rivera.

N° 51. — *Photographie* du tableau n° 34.

N°s 52 et 52 *bis*. — *Photographies* du buste n° 80.

N° 53. — *Atlas topographique des environs de Puebla*. Il comprend un frontispice et *treize feuilles originales*, dessinées par le système vertical à l'échelle de 1 : 20.000.

N° 54. — *Atlas registre de construction* des feuilles de la 1re série de publications de la carte générale de la République à l'échelle de 1 : 100.000, dessinées par le système horizontal.

N° 55. — *Atlas registre de construction* des mêmes feuilles à l'échelle de 1 : 250.000, par le système de dessin horizontal.

N° 56. — *Atlas registre de construction* des feuilles de la même série à l'échelle de 1 : 500.000, dessinées par le système horizontal.

N° 57. — *Atlas registre de construction* des feuilles antérieures par le système de dessin vertical.

N° 58. — *Atlas registre de la situation des points* dont les coordonnées géographiques servent d'appui au détail des feuilles construites, à l'échelle de 1 : 100.000, pour la 1re série citée de publications.

N° 59. — *Atlas registre des voies parcourues dans le levé d'itinéraires topographiques*, pour le détail des dites feuilles à 1 : 100.000.

N° 60. — *Atlas registre des levés de portions isolées*, acceptés pour le détail des feuilles à 1 : 100.000.

N° 61. — *Atlas registre de l'avancement progressif* dans le levé et la construction desdites feuilles à 1 : 100.000.

N° 62. — *Atlas d'itinéraires topographiques* levés pour le détail de la feuille 19 II (V) de la Carte générale. Sert à montrer la disposition donnée à cette sorte d'atlas destinés à la section d'E. M. S. dans le Ministère de la Guerre.

N° 63. — *Atlas de minutes de campagne* des mêmes itinéraires topographiques de la feuille 19 II (V) remis pour comparer au moyen de l'antérieur, les résultats de l'emploi du *papier pour esquisses topographiques*, auquel se refère le n° 27.

N° 64. — *Atlas topographique des environs de Puebla*. Collection lithographiée, dont les originaux portent le n° 53. Disposée en petit *livre pour voyages*.

N° 65. — Collection de 14 feuilles de la même publication. Forme distincte, cartonné en *atlas de bibliothèque*.

N° 66. — La même collection en *atlas broché*.

N° 67. — *Portefeuilles postaux* avec feuilles séparées de la carte générale au 100.000e (feuilles diverses).

N° 68. — Collection de *squelettes ou types pour calculs astronomiques*, formés par l'ingénieur Agustin Diaz (Partie publiée jusqu'aujourd'hui, d'une grande série de types de calculs géodésiques, astronomiques et météorologiques, pour les principales opérations qui se suivent dans les levés d'une Commission géographique, accompagnés d'un formulaire qui comprend aussi les tables nécessaires dans les applications).

N° 69. — *Catalogue des noms de lieux peuplés* que comprend la feuille 19-I (M). Un catalogue semblable accompagnera la publication de chaque feuille de cette série, pour en faciliter sa lecture, en ce qui se réfère aux divers noms par lesquels on connaît ces lieux peuplés.

N° 70. — *Registre général des routes suivies par les ingénieurs de la Commission*, pour le levé des itinéraires topographiques de 1878 à 1883. Un autre volume que l'on fait, comprendra les voies suivies de 1884 à 1888. La forme de ces collections purement destinées aux archives du Gouvernement est distincte de la régionale qui se donnera à celles qui se publieront dans le Mémoire général de la Commission.

N° 71. — *Calculs géodésiques des triangulations* formées de 1878 à 1888, dans le levé des environs de Puebla. Dans les feuilles murales 1re, 3e, 7e et 9e des collections nos 53, 64, 65 et 66 sont compris les principaux résultats qui se rapportent à ces triangulations et d'autres notes diverses sur la climatologie, le personnel d'exécution, noms doubles etc.

Nos 72, 73 et 74. — *Calculs des observations de temps, marche de chronomètres et latitudes obtenus en 1885*. On forme, annuellement, un volume de cette espèce de calculs et de ceux des numéros suivants jusqu'au 78 ; de ces notes et résultats, on publiera un extrait dans le Mémoire général de la Commission.

N° 75. — *Calculs des observations de longitude*, par signes instantanés et transport de chronomètres, de 1878 à 1883.

N° 76.— *Calculs des altitudes hypsométriques*, déterminées de 1878 à 1883.

N° 77. — *Calculs des observations météorologiques*, pratiquées en 1885.

N° 78. — *Discussion des résultats obtenus pour la détermination de coordonnées géographiques*, de 1878 à 1883.

N° 79. — *Carte de visite gravée sur argent*. Œuvre au burin, exécutée par le soldat Aurélien Ponce de Leon, de l'escorte de la Commission.

N° 80. — *Buste en plâtre du directeur de la Commission*, par l'ingénieur de la même, Rosendo Sandoval.

(Cette œuvre se préparait sur cuivre, à la galvanoplastie, mais le manque de temps fit qu'on envoya seulement à l'Exposition le buste en plâtre, tiré du moule qu'on avait disposé avec l'original en terre).

N° 81.—Feuille 19-I (M). Exemplaires séparés du numéro 30.

N° 82.—Feuille 19-I (T). Exemplaires séparés du numéro 31.

Section d'Histoire Naturelle.

Fossiles, 2,000 spécimens.

Plantes, 5,500 spécimens.

Insectes divers, 30,445 spécimens.

Reptiles montés, 15 spécimens.

Reptiles en alcool, 50 spécimens.

Oiseaux montés, 1,254 spécimens.

Oiseaux en peau, 6,631 spécimens.

Mammifères montés, 50 spécimens.

Mammifères en peau, 112 spécimens.

Squelettes, 3 spécimens.

Xalapa, le 15 juin 1889.

AGUSTIN DIAZ.

La Commission Géographique Exploratrice a obtenu un Grand Prix dans la classe VIII et un autre Grand Prix dans la classe XVI.

Paris, Impr. F. PICHON, 282, rue Saint-Jacques et 24, rue Soufflot.

www.ingramcontent.com/pod-product-compliance
Ingram Content Group UK Ltd.
Pitfield, Milton Keynes, MK11 3LW, UK
UKHW031950260826
14628UKWH00004B/1966

9 782019 708016